Klassenarbeitstrainer

Mathematik
Gymnasium **7**

Schroedel

Klassenarbeitstrainer
Mathematik 7
Gymnasium

Gotthard Jost
sowie Rolf Hermes

Gotthard Jost unterrichtet Mathematik und Biologie in den Sekundarstufen I und II an einer Gesamtschule. Durch seine langjährige Erfahrung im Unterricht und im Nachhilfebereich weiß er, welche Schwierigkeiten in der Mathematik besonders häufig auftreten und wie sie zu meistern sind.

© 2012 Bildungshaus Schulbuchverlage
Westermann Schroedel Diesterweg Schöningh Winklers GmbH, Braunschweig
www.schroedel.de

Das Werk und seine Teile sind urheberrechtlich geschützt. Jede Nutzung in anderen als den gesetzlich zugelassenen Fällen bedarf der vorherigen schriftlichen Einwilligung des Verlages. Hinweis zu § 52a UrhG: Weder das Werk noch seine Teile dürfen ohne eine solche Einwilligung gescannt und in ein Netzwerk eingestellt werden. Dies gilt auch für Intranets von Schulen und sonstigen Bildungseinrichtungen.
Auf verschiedenen Seiten dieses Buches befinden sich Verweise (Links) auf Internet-Adressen. Haftungshinweis: Trotz sorgfältiger inhaltlicher Kontrolle wird die Haftung für die Inhalte der externen Seiten ausgeschlossen. Für den Inhalt dieser externen Seiten sind ausschließlich deren Betreiber verantwortlich. Sollten Sie bei dem angegebenen Inhalt des Anbieters dieser Seite auf kostenpflichtige, illegale oder anstößige Inhalte treffen, so bedauern wir dies ausdrücklich und bitten Sie, uns umgehend per E-Mail davon in Kenntnis zu setzen, damit beim Nachdruck der Verweis gelöscht wird.

Druck [5] / Jahr 2016

Kontakt: lernhilfen@schroedel.de
Herstellung: Sandra Grünberg
Umschlaggestaltung und Innenlayout: Maike Frach, Braunschweig
Umschlagfoto: Peter Wirtz, Dormagen
Illustrationen: Hans-Jürgen Feldhaus, Münster
Redaktion und Satz: imprint, Zusmarshausen
Druck und Bindung: westermann druck GmbH, Braunschweig

ISBN 978-3-507-23258-7

Vorwort

Liebe Schülerin, lieber Schüler,

mit diesem Buch gelangst du in drei Schritten zur erfolgreichen Klassenarbeit:

Verstehen: Lerne und wiederhole wichtige **Regeln**. Ausführliche Beispiele und Erklärungen erleichtern dir das Verstehen.

Üben: Abwechslungsreiche **Tests** üben den Lernstoff ein. Wenn du dir einmal nicht sicher bist, wie eine Aufgabe gelöst wird, schaue in den Regeln nach.

Können: Genug geübt? Dann schreibe eine **Klassenarbeit** wie in der Schule! Die Zeitangabe auf jeder Klassenarbeit gibt an, wie viel Zeit dir zur Verfügung steht.

Mithilfe des **Lösungsteils** hinten im Buch kannst du kontrollieren, ob du alle Aufgaben richtig bearbeitet hast.
Hier findest du auch den Bewertungsschlüssel für die Klassenarbeiten.

Zwei Symbole begleiten dich durch das Buch: Der Smiley macht dich auf Tipps und Tricks aufmerksam, das Ausrufezeichen kennzeichnet Aufgaben, die etwas kniffliger sind.

Solltest du einmal nicht genug Platz zum Bearbeiten der Aufgaben finden, nimm einfach ein Heft zur Hand.

Viel Erfolg bei der nächsten Klassenarbeit!

Gotthard Jost

Inhaltsverzeichnis

1 Rechnen mit rationalen Zahlen 6
Test 1: Eigenschaften rationaler Zahlen 9
Test 2: Addition und Subtraktion 10
Test 3: Multiplikation und Division 11
Test 4: Aufgaben für Experten 12
Klassenarbeit Nr. 1 13

2 Prozent- und Zinsrechnung 15
Test 1: Prozent- und Zinsrechnung 19
Test 2: Zeitanteilige Zinsen, Zinseszinsen 20
Test 3: Aufgaben für Experten 21
Klassenarbeit Nr. 2 22

3 Terme 25
Test 1: Terme bilden und berechnen 27
Test 2: Summen- und Potenzterme 28
Test 3: Binomische Formeln 29
Test 4: Aufgaben für Experten 30
Klassenarbeit Nr. 3 31

4 Lineare Gleichungen und Ungleichungen 33
Test 1: Gleichungen aufstellen und lösen 37
Test 2: Ungleichungen aufstellen und lösen 38
Test 3: Textaufgaben 39
Test 4: Aufgaben für Experten 40
Klassenarbeit Nr. 4 41

5 Lineare Funktionen und Zuordnungen 43
Test 1: Zuordnungen 47
Test 2: Geraden und lineare Funktionen 48
Test 3: Lineare Funktionen bestimmen 49
Test 4: Aufgaben für Experten 50
Klassenarbeit Nr. 5 51

6 Winkel und Winkelgesetze ... 54

Test 1: Winkel zeichnen und messen ... 57

Test 2: Winkel an Geradenkreuzungen ... 58

Test 3: Winkel an Dreiecken und Kreisen ... 59

Test 4: Aufgaben für Experten ... 61

Klassenarbeit Nr. 6 ... 62

7 Eigenschaften von Drei- und Vierecken ... 64

Test 1: Lot, Seitenhalbierende, Höhe ... 68

Test 2: Mittelsenkrechte, Winkelhalbierende ... 69

Test 3: Vierecke ... 70

Test 4: Aufgaben für Experten ... 71

Klassenarbeit Nr. 7 ... 72

8 Kongruenz ... 74

Test 1: Kongruenzabbildungen ... 77

Test 2: Kongruenzsätze ... 78

Test 3: Konstruktion von Vierecken ... 80

Test 4: Aufgaben für Experten ... 81

Klassenarbeit Nr. 8 ... 82

9 Daten und Zufall ... 84

Test 1: Daten erheben und darstellen ... 89

Test 2: Statistische Größen, Boxplots ... 91

Tcst 3: Zufallsexperimente ... 92

Test 4: Aufgaben für Experten ... 94

Klassenarbeit Nr. 9 ... 96

Lösungen ... 99

Stichwortverzeichnis ... 127

1 Rechnen mit rationalen Zahlen

Natürliche, ganze und rationale Zahlen

Die rationalen Zahlen umfassen alle Zahlenmengen, die du kennengelernt hast:
die **natürlichen Zahlen**: $\mathbb{N} = \{0; 1; 2; 3; 4 \ldots\}$
bzw. **ausschließlich der Null**: $\mathbb{N}^* = \{1; 2; 3; 4; 5 \ldots\}$
die **ganzen Zahlen**: $\mathbb{Z} = \{\ldots; -3; -2; -1; 0; 1; 2; 3; \ldots\}$
die **rationalen Zahlen**: $\mathbb{Q} = \left\{\dfrac{p}{q}\,\big|\,p \in \mathbb{Z} \text{ und } q \in \mathbb{N}\right\}$

Beispiel 1: -5 ist eine ganze Zahl: $-5 \in \mathbb{Z}$; durch die Schreibweise $-5 = -\dfrac{5}{1} = -\dfrac{10}{2} = \ldots$ wird deutlich, dass -5 auch als Bruch aufgefasst werden kann und deshalb auch rational ist: $-5 \in \mathbb{Q}$.
(Diese Überlegung gilt für alle ganzen Zahlen, daher gilt: $\mathbb{Z} \subset \mathbb{Q}$.
Das Zeichen „$\subset$" bedeutet „Teilmenge von", „$\supset$" bedeutet „Obermenge von".)

Merke dir folgende Teilmengenbeziehungen:
$\mathbb{N}^* \subset \mathbb{N} \subset \mathbb{Z} \subset \mathbb{Q}$

Weitere gebräuchliche Ergänzungen der Mengensymbole sind:
– $\mathbb{Q}^-$ (alle negativen rationalen Zahlen ohne Null);
– $\mathbb{Q}_0^-$ (alle negativen rationalen Zahlen mit der Null);
– $\mathbb{Z}_0^+$ (alle positiven ganzen Zahlen mit der Null)

Zur Erinnerung: Eine rationale Zahl kannst du auch als **Dezimalbruch** schreiben, und zwar als endliche Dezimalzahl $\left(\text{z.B. } \dfrac{3}{4} = 0{,}75\right)$ oder als unendlich-periodische Dezimalzahl $\left(\text{z.B. } \dfrac{1}{12} = 0{,}08\overline{3}\right)$.

Rationale Zahlen auf dem Zahlenstrahl

In der Regel wird ein Zahlenstrahl mithilfe ganzer Zahlen skaliert. Jeder rationalen Zahl kann dann eindeutig ein **Punkt auf dem Zahlenstrahl** zugewiesen werden, wahlweise auch die **orientierte Länge des Pfeils**, der von Null aus zu dieser Zahl weist.

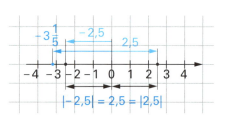

Rationale Zahlen, die sich nur durch ihr Vorzeichen unterscheiden, z.B. 2,5 und –2,5, nennt man **Gegenzahlen** (auch: **Spiegelzahlen**), und ihre Pfeile besitzen dieselbe Länge. Ihr **Betrag** gibt ihren Abstand zur Null an.
Beispiel 2: $|-2{,}5| = |2{,}5| = 2{,}5$
(lies: Der Betrag von minus 2,5 ist gleich dem Betrag von 2,5 ist gleich 2,5.)
Zwei rationale Zahlen $a; b \in \mathbb{Q}$ erfüllen stets eine der **drei Relationen „a < b"** (a ist kleiner als b), **„a > b"** (a ist größer als b) oder **„a = b"** (a ist gleich b). Auf dem Zahlenstrahl liegt die kleinere Zahl stets weiter links.
Beispiel 3: $-3\dfrac{1}{5} < -2{,}5 < 2{,}5$

verstehen

Zwischen zwei rationalen Zahlen a; b ∈ ℚ liegt stets mindestens eine weitere rationale Zahl, z. B. ihr Mittelwert $\frac{1}{2} \cdot (a + b)$, deshalb wird die **Menge** ℚ als **dicht** bezeichnet.

Die Addition rationaler Zahlen

Achte bei der Addition rationaler Zahlen auf die Vorzeichen beider Summanden.
Haben **beide Summanden gleiche Vorzeichen**, so werden ihre Beträge addiert und die Summe erhält das gemeinsame Vorzeichen.
Beispiel 4: a) $(+2,4) + (+5,3) = +(2,4 + 5,3) = +7,7$
b) $(-6,1) + (-3,7) = -(6,1 + 3,7) = -9,8$

Haben beide **Summanden verschiedene Vorzeichen**, so subtrahiert man den kleineren vom größeren Betrag und gibt der Differenz das Vorzeichen der Zahl mit dem größeren Betrag.
Beispiel 5: a) $(+8,2) + (-5,9) = +(8,5 - 5,9) = +2,6$
b) $(+3,7) + (-4,8) = -(4,8 - 3,7) = -1,1$

Du kannst dir für die Addition rationaler Zahlen Folgendes merken: Addierst du zu einer rationalen Zahl eine positive, dann gehst du auf dem Zahlenstrahl nach rechts. Addierst du eine negative rationale Zahl, gehst du nach links.

Subtraktion rationaler Zahlen

Subtrahiere eine rationale Zahl, indem du ihre Gegenzahl addierst.
Beispiel 6: a) $\left(+\frac{3}{4}\right) - \left(+\frac{1}{8}\right) = \left(+\frac{6}{8}\right) + \left(-\frac{1}{8}\right) = \left(+\frac{6}{8} - \frac{1}{8}\right) = +\frac{5}{8}$
b) $\left(+1\frac{5}{6}\right) - \left(-\frac{1}{4}\right) = \left(+1\frac{10}{12}\right) + \left(+\frac{3}{12}\right) = +1\frac{13}{12} = +2\frac{1}{12}$

Hier kannst du dir merken: Subtrahierst du eine positive Zahl, wanderst du auf dem Zahlenstrahl nach links, subtrahierst du eine negative Zahl, nach rechts.

Multiplikation und Division rationaler Zahlen

Multipliziere die Beträge beider Faktoren und beachte dann ihre Vorzeichen:
Haben beide Faktoren gleiche Vorzeichen, so ist das Produkt positiv.
Beispiel 7: a) $(+2) \cdot (+4) = +8$ b) $\left(-\frac{2}{5}\right) \cdot \left(-\frac{3}{7}\right) = +\frac{6}{35}$

Haben beide Faktoren verschiedene Vorzeichen, so ist das Produkt negativ.
Beispiel 8: a) $(-7) \cdot \left(+\frac{1}{2}\right) = -\frac{7}{2} = -3\frac{1}{2}$ b) $\left(+\frac{3}{4}\right) \cdot (-2) = -\frac{6}{4} = -1\frac{1}{2}$

Dividiere die Beträge von Dividend und Divisor und treffe dann sinngemäß dieselbe Vorzeichenregelung wie bei der Multiplikation.
Beispiel 9:
a) $(-4,8) : (-0,12) = +(4,8 : 0,12) = +40$ (Vorzeichen gleich; Ergebnis positiv)
b) $\left(-\frac{2}{9}\right) : \left(+1\frac{1}{3}\right) = -\left(\frac{2}{9} : \frac{4}{3}\right) = -\left(\frac{2}{9} \cdot \frac{3}{4}\right) = -\frac{1}{6}$ (Vorzeichen verschieden; Ergebnis negativ)

7

1 Rechnen mit rationalen Zahlen

Rechengesetze für rationale Zahlen

Punkt- vor Strichrechnung:
Beispiel 10: (−0,6) : (+1,2) **+** (+1,8) = −(0,6 : 1,2) **+** 1,8 = −0,5 **+** 1,8 = +1,3

Klammern haben Vorrang:
Beispiel 11: (−0,6) : ((+1,2) **+** (+1,8)) = (−0,6) : (+3,0) = −0,2

Kommutativgesetze der Addition und Multiplikation:
a + b = b + a; a · b = b · a
Beispiel 12: a) 2,5 + 1,6 = 1,6 + 2,5
b) 5,1 · 0,8 = 0,8 · 5,1

> Stehen mehrere Klammern ineinander, dann rechnet man von innen nach außen, wobei alle anderen Rechengesetze ebenfalls gelten.

Assoziativgesetze der Addition und Multiplikation:
(a + b) + c = a + (b + c); (a · b) · c = a · (b · c)
Beispiel 13: Rechne mit Vorteil:
2,**4** + (3,**6** + 4,8) = (2,**4** + 3,**6**) + 4,8 = 6 + 4,8 = 10,8

Distributivgesetze:
a · (b + c) = a · b + a · c; a · (b − c) = a · b − a · c;
(b + c) : a = b : a + c : a; (b − c) : a = b : a − c : a
Beispiel 14: a) $\frac{3}{4} \cdot \left(\frac{1}{2} - \frac{5}{6}\right) = \frac{3}{4} \cdot \frac{1}{2} - \frac{3}{4} \cdot \frac{5}{6} = \frac{3}{8} - \frac{5}{8} = -\frac{2}{8} = -\frac{1}{4}$
b) $\frac{3}{4} \cdot (-1,2) - 4,8 \cdot \frac{3}{4} = \frac{3}{4} \cdot (-1,2 - 4,8) = \frac{3}{4} \cdot (-6) = -\frac{9}{2} = -4\frac{1}{2}$

Faktorisieren

Man kann das Distributivgesetz auch „umgekehrt" anwenden, indem man aus einer Summe oder Differenz von Produkten alle gemeinsamen Faktoren ausklammert (faktorisiert), d. h. vor (oder hinter) eine Klammer setzt, die alle verbleibenden Summanden enthält.
Beispiel 15: a) **2** · 12 + **2** · 13 = **2** · (12 + 13) = 2 · 25 = 50 (die 2 ist gemeinsamer Faktor und wird ausgeklammert)
b) $\frac{1}{3} \cdot \frac{2}{5} - \frac{1}{6} \cdot \frac{2}{5} = \left(\frac{1}{3} - \frac{1}{6}\right) \cdot \frac{2}{5} = \left(\frac{2}{6} - \frac{1}{6}\right) \cdot \frac{2}{5} = \frac{1}{6} \cdot \frac{2}{5} = \frac{1}{15}$ (hier kann $\frac{2}{5}$ ausgeklammert werden)
Das Faktorisieren spielt auch beim Rechnen mit Termen eine große Rolle.
(→ Seite 25 f.).

2 · 12 + **2** · 13 = **2** · (12 + 13) = 2 · 25 = 50

Test 1: Eigenschaften rationaler Zahlen

üben

1 a) Setze das passende Teilmengen-Relationszeichen „⊂" oder „⊃" ein.

   (1) $\mathbb{N}$ ☐ $\mathbb{Z}_0^+$ (2) $\mathbb{Q}^-$ ☐ $\mathbb{Z}^-$

   (3) $\mathbb{Q}^-$ ☐ $\mathbb{Q}$ (4) $\mathbb{Q}_0^+$ ☐ $\mathbb{Q}_0^-$

b) Gib das Ergebnis der Schnittbildung „∩"
   oder Vereinigung „∪" an:

   (1) $\mathbb{Q} \cap \mathbb{Z}$ = _____

   (2) $\mathbb{Z}^- \cup \mathbb{N}_0$ = _____

   (3) $\mathbb{Q}^- \cup \mathbb{Q}^+$ = _____

   (4) $\mathbb{Q}^- \cap \mathbb{N}$ = _____

> Die **Schnittmenge** „∩" aus zwei Mengen enthält alle Elemente, die sowohl in der einen als auch in der anderen Menge enthalten sind:
> ({2; 3; 4; 5; 6} ∩ {1; 3; 5; 7} = {3; 5})
>
> Die **Vereinigungsmenge** „∪" enthält alle Elemente, die Teil der einen oder der anderen Menge sind:
> ({1; 3; 5} ∪ {2; 4} = {1; 2; 3; 4; 5})

2 Sortiere die Zahlen 1,3; $-\frac{3}{4}$; $2\frac{3}{5}$; −3,1; +4 und −0,5 in aufsteigender Reihenfolge und markiere sie auf dem Zahlenstrahl.

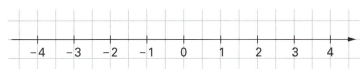

3 Setze das passende Ordnungs-Relationszeichen „<" oder „>" oder „=" ein.

a) $1\frac{1}{2}$ ☐ −1,5   b) −0,375 ☐ $-\frac{3}{8}$ c) $\frac{16}{5}$ ☐ 3,5   d) −0,01 ☐ −0,001

4 Gib die Menge aller Lösungswerte für x an.

a) x = |+3,5| _____   b) x = |−3,5| _____

c) |x| = +3,5 _____   d) |x| = −3,5 _____

e) |x + 1| = 3,5 _____   f) |2x| = 3,5 _____

Test 2: Addition und Subtraktion

1 Ergänze die Leerstellen sinnvoll.

a) Zwei rationale Zahlen mit gleichen _____ werden addiert, indem man ihre _____ addiert und die Summe mit dem _____ _____ versieht.

b) Zwei rationale Zahlen mit _____ Vorzeichen werden addiert, indem man den _____ Betrag subtrahiert und die Differenz mit dem Vorzeichen der _____ versieht.

c) Eine rationale Zahl wird subtrahiert, indem man _____ .

2 Berechne unter Anwendung der entsprechenden Regeln.

a) $\left(+6\frac{3}{4}\right) + \left(+2\frac{1}{2}\right) =$ _____

b) $(+4,25) + (-5,4) =$ _____

c) $\left(-8\frac{5}{9}\right) - \left(+2\frac{1}{6}\right) =$ _____

d) $(-5,9) + (-4,06) =$ _____

e) $\left(-3\frac{1}{4}\right) + \left(+4\frac{2}{5}\right) =$ _____

f) $(-0,85) - (-2,6) =$ _____

3 Notiere zu jedem Diagramm *zwei* passende Aufgaben, berechne sie und trage dann den Ergebnispfeil ein.

a)  b)

4 Welche Rechengesetze verschaffen einen Rechenvorteil? – Berechne.

a) $8,4 + (3,9 + 2,6)$ b) $7,6 + (8,2 - 2,6)$

Test 3: Multiplikation und Division

üben

1 Ergänze die Leerstellen sinnvoll.

a) Wenn zwei rationale Zahlen mit gleichen Vorzeichen multipliziert werden,

dann hat ihr _____ ein _____ Vorzeichen.

b) Man dividiert zwei rationale Zahlen, indem man zunächst ihre _____

dividiert. Das Vorzeichen des _____ wird dann sinngemäß

wie bei _____ bestimmt.

2 Berechne unter Anwendung der entsprechenden Regeln.

a) $(-42{,}5) : (+25) =$ _____

b) $\left(+\frac{3}{8}\right) \cdot \left(+\frac{4}{9}\right) =$ _____

c) $(-0{,}36) : (-1{,}8) =$ _____

d) $\left(+2\frac{4}{7}\right) : \left(-\frac{3}{14}\right) =$ _____

3 Bestimme den Flächeninhalt der Figuren.
Gib das Ergebnis in drei verschiedenen Maßeinheiten an.

Zur Erinnerung:
$A_{Dreieck} = \frac{1}{2} \cdot g \cdot h$
$A_{Parallelogramm} = a \cdot h_a$
g: Grundseite
h: Höhe
h_a: Höhe auf a

a)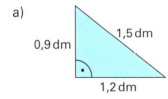

b)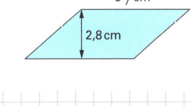

4 Löse die Textaufgaben im Heft mithilfe einer geeigneten Rechnung.

a) Multipliziere die Differenz von 2,9 und 4,7 mit dem Produkt aus 6,3 und 2,1.

b) Dividiere den Quotienten aus 8,1 und $\frac{9}{10}$ durch die Summe aus 3,8 und 7,2.

c) Dividiere die Differenz aus 6,6 und 4,8 durch die verdreifachte Summe von 3,1 und 8,9.

Test 4: Aufgaben für Experten

üben

1 Ergänze die Tabelle so, dass sich darin **alle** rationalen Zahlen darstellen lassen.

...				←p→ q↓		1			...
...									...
...				2		$\frac{1}{2}$			...
...									...
...									...
...	...	...	...	...	...	...	...	...	...

2 Berechne. Achte auf die Rechenregeln.

a) $\dfrac{7{,}6 - (-6{,}2)}{(-2{,}3) \cdot (4{,}2 + (3 - 5{,}2))}$
b) $\dfrac{\frac{1}{3} \cdot \frac{-2}{5} + \frac{7}{10}}{-\frac{3}{4} \cdot \frac{9}{8}}$

3 Welche Zahlen teilen den gegebenen Zahlenbereich in vier gleich große Teilbereiche?

a) von 1,12 bis 1,2: _____ < _____ < _____ < _____ < _____

b) von $\frac{4}{5}$ bis $\frac{9}{10}$: _____ < _____ < _____ < _____ < _____

4 a) Mit $n, m \in \mathbb{N}$ gelten die **Potenzgesetze** $a^n \cdot a^m = a^{n+m}$ und
$a^n : a^m = a^{n-m}$ ($n \geq m$) auch für rationale Basiswerte, d.h. für $a \in \mathbb{Q}$.
Berechne möglichst geschickt: $(-2{,}5)^2 \cdot (-2{,}5)^5 : (-2{,}5)^3$.
Zeige, dass $a^0 = 1$ gilt.

b) Mit $n \in \mathbb{N}$ gelten ebenso die **Potenzgesetze** $a^n \cdot b^n = (a \cdot b)^n$ und
$a^n : b^n = (a : b)^n$ für rationale Basiswerte, d.h. für $a; b \in \mathbb{Q}$, bzw. $b \neq 0$.
Berechne möglichst vorteilhaft: $\left(\frac{6}{7}\right)^8 \cdot \left(\frac{7}{10}\right)^8 : \left(\frac{3}{5}\right)^8$.
Zeige, dass $(a^2)^n = a^{2 \cdot n}$ gilt.

12

Klassenarbeit Nr. 1   45 min

1   Entscheide, ob folgende Aussagen wahr oder falsch sind.
Gib bei falschen Aussagen immer ein Gegenbeispiel an.

		wahr	falsch
a)	Die Summe aus einer positiven und einer negativen rationalen Zahl ist immer negativ.	☐	☐
b)	Das Produkt zweier verschiedener rationaler Zahlen mit gleichem Betrag ist immer negativ.	☐	☐
c)	Der Quotient zweier negativer rationaler Zahlen ist positiv.	☐	☐
d)	Subtrahiert man von einer negativen rationalen Zahl eine zweite negative mit größerem Betrag, dann ist das Ergebnis negativ.	☐	☐

/4

2   Löse zuerst die Klammerterme auf (Distributivgesetze) und rechne dann weiter.

a) $(-0{,}7) \cdot (4{,}1 - 2{,}5)$ b) $(-6{,}4 + 0{,}48) : (-1{,}6)$ c) $\left(-2\frac{1}{2} - 1\frac{1}{4}\right) \cdot \frac{4}{5}$

/3

3   a) Ergänze mit „⊂" (Teilmenge von) oder „⊃" (Obermenge von).

     (1) $\mathbb{Z}^*$ ____ $\mathbb{Q}^*$ (2) $\mathbb{N}$ ____ $\mathbb{Q}_0^+$ (3) $\mathbb{Q}^-$ ____ $\mathbb{Z}^-$ (4) $\mathbb{Z}_0^-$ ____ $\mathbb{Q}_0^-$

  b) Setze „∈" (Element von) oder „∉" (kein Element von) ein.

     (1) $-12{,}00$ ____ $\mathbb{Z}$ (2) $2{,}5$ ____ $\mathbb{N}$ (3) $-3\frac{1}{2}$ ____ $\mathbb{Q}^-$ (4) 0 ____ $\mathbb{Q}^-$

/8

4   Markiere auf dem Zahlenstrahl den Bereich der rationalen Zahlen für die gilt:

a) $-4 \leq q \leq 6{,}5$ und $|q| \geq 2{,}5$

b) $-5 \leq q \leq 3{,}5$ und $|q| \leq |-2{,}5|$

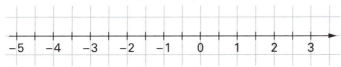

/4

13

können

Klassenarbeit Nr. 1

5 Faktorisiere zuerst, um Rechenvorteile zu nutzen.
a) $-0{,}28 \cdot 2{,}9 - 2{,}9 \cdot 3{,}42$
b) $-3\frac{2}{3} : 1\frac{5}{7} - 2\frac{1}{3} : 1\frac{5}{7}$

/2

6 Formuliere einen entsprechenden Term und berechne ihn.
Dividiere die Summe von $9\frac{1}{4}$ und $-1\frac{3}{4}$ durch die Differenz von $-1{,}2$ und $-3{,}7$.

/2

7 Formuliere einen entsprechenden Term und berechne ihn.
Vergrößere das Produkt von $1\frac{5}{39}$ und $2\frac{4}{11}$ um den Quotienten von $-2{,}8$ und $0{,}8$.

/2

erreichte Punktzahl

/ 25

2 Prozent- und Zinsrechnung

verstehen

Grundbegriffe der Prozentrechnung

Wenn du einen Anteil (= **Prozentwert W**) an einer Gesamtheit (= **Grundwert G**) ausdrücken willst, dann bilde den **relativen Anteil** $\frac{W}{G}$. Verschiedene relative Anteile kannst du direkt miteinander vergleichen, wenn sie denselben Nenner besitzen. Üblicherweise kürzt oder erweitert man auf den **Nenner 100** und bezeichnet dann den zugehörigen Zähler als **Prozentzahl p**, oder aber man gibt den **Prozentsatz** $p\% = \frac{p}{100}$ an.

Beispiel 1: 18 der 30 Schüler aus Bernds Klasse sind in einem Sportverein.
Prozentwert **W** = 18; Grundwert **G** = 30; relativer Anteil: $\frac{W}{G} = \frac{18}{30} = \frac{6}{10} = \frac{60}{100} = \frac{p}{100}$
Prozentzahl **p** = 60; Prozentsatz $p\% = \frac{60}{100} = 0{,}6 = 60\%$

Beispiel 2: Rechne um.
a) in Prozent $\frac{3}{20} = \frac{15}{100} = 15\%$; $\frac{4}{5} = \frac{80}{100} = 80\%$; $\frac{3}{12} = \frac{1}{4} = \frac{25}{100} = 25\%$

b) in gekürzte Bruchzahlen $30\% = \frac{30}{100} = \frac{3}{10}$; $75\% = \frac{75}{100} = \frac{3}{4}$; $125\% = \frac{125}{100} = \frac{5}{4} = 1\frac{1}{4}$

Berechnen des Prozentsatzes

Aus Beispiel 1 kannst du die Verhältnisgleichung $\frac{p}{100} = \frac{W}{G}$ ablesen.
Multipliziere beide Seiten dieser Gleichung mit 100, um Prozentzahlen bzw. Prozentsätze berechnen zu können. $\frac{p}{100} = \frac{W}{G} \mid \cdot 100 \Leftrightarrow \mathbf{p = 100 \cdot \frac{W}{G}}$

Beispiel 3: Von 678 gültigen Stimmen entfallen 294 Stimmen auf die Partei X.
$p = 100 \cdot \frac{W}{G} = 100 \cdot \frac{294}{678} = 43{,}3628 \ldots$
Runde das Ergebnis **sinnvoll**: Prozentzahl: $p \approx 43{,}4$;
Prozentsatz: $p\% \approx \frac{43{,}4}{100} = 43{,}4\%$

Berechnen des Prozentwertes

Löst du $\frac{W}{G} = \frac{p}{100}$ nach **W** auf, erhältst du die Formel für den Prozentwert:
$\frac{W}{G} = \frac{p}{100} \mid \cdot G \Leftrightarrow \mathbf{W = \frac{p}{100} \cdot G}$.

Beispiel 4: 16,8 % der Bevölkerung haben Flugangst. Eine Fluglinie beförderte im letzten Jahr 8 425 000 Fluggäste.
Wie viele davon hatten Flugangst?
$W = \frac{p}{100} \cdot G = \frac{16{,}8}{100} \cdot 8\,425\,000 = 1\,415\,400$

$\Rightarrow$ 1 415 400 Personen hatten Flugangst.

15

2 Prozent- und Zinsrechnung

Berechnen des Grundwertes

Löst du $\frac{W}{G} = \frac{p}{100}$ nach **G** auf, erhältst du die Formel für den Grundwert:
$\frac{W}{G} = \frac{p}{100} \mid \cdot G \Leftrightarrow W = \frac{p}{100} \cdot G \mid \cdot \frac{100}{p} \Leftrightarrow \mathbf{G = \frac{100}{p} \cdot W}$

Beispiel 5: Heute fehlen 4 Schüler, das sind 12,5% der Klasse.
Wie viele Schüler sind insgesamt in der Klasse?
$G = \frac{100}{p} \cdot W = \frac{100}{12,5} \cdot 4 = 32 \Rightarrow$ Die Klasse hat 32 Schüler.

Prozentsatz, Prozentwert, Grundwert im Überblick

Die folgende Übersicht hilft dir, die richtige Formel zu verwenden. Prüfe immer zuerst genau, welche zwei der drei Größen angegeben sind.
Vor allem bei Textaufgaben musst du sehr aufmerksam sein!

Bekannte Größen	W, G	p, G	p, W
Gesuchte Größe	p (bzw. p%)	W	G
Formel	$p = 100 \cdot \frac{W}{G}$ oder: $p\% = \frac{W}{G}$	$W = \frac{p}{100} \cdot G$ oder: $W = p\% \cdot G$	$G = \frac{100}{p} \cdot W$ oder: $G = \frac{W}{p}\%$

Promille statt Prozent

Werden sehr geringe Anteile an einer Gesamtheit ausgedrückt oder verglichen, so wählt man nicht 100 sondern **1000 als Bezugsnenner**. Folglich wird die Prozentzahl zur **Promillezahl p** und der Prozentsatz zum **Promillesatz** $p‰ = \frac{p}{1000}$.
Entsprechend rechnest du in der Promillerechnung
mit folgenden Formeln für

Promillezahlen und -sätze:	$p = 1000 \cdot \frac{W}{G}$	oder: $p‰ = \frac{W}{G}$
Promillewerte:	$W = \frac{p}{1000} \cdot G$	oder: $W = p‰ \cdot G$
Grundwerte:	$G = \frac{1000}{p} \cdot W$	oder: $G = \frac{W}{p‰}$

Beispiel 6: Einem auffälligen Autofahrer wird eine
Blutprobe von $6\,cm^3 = 6000\,mm^3$ entnommen.
Er kann straffrei bleiben, wenn der Alkoholgehalt im
Blut nicht mehr als 0,5‰ beträgt.
$W \leq \frac{p}{1000} \cdot G = \frac{0,5}{1000} \cdot 6\,cm^3 = 0,003\,cm^3 = 3\,mm^3$
In der Probe dürfen nicht mehr als $3\,mm^3$ Alkohol enthalten sein.

> Du musst dir für die Promillerechnung eigentlich keine neuen Formeln merken, ersetze in den Formeln der Prozentrechnung einfach immer 100 durch 1000, dann hast du die Formeln der Promillerechnung.

Zinsrechnung – ein Sonderfall der Prozentrechnung

Zentrale Aufgaben der Zinsrechnung sind die Berechnung des Ertrages, den gespartes Kapital erwirtschaftet, sowie die Berechnung des Schuldendienstes für geliehenes Kapital (= Darlehen). Hierzu wird grundsätzlich auf die Methoden der Prozentrechnung zurückgegriffen. Jedoch haben sich infolge der umfassenden Bedeutung der Zinsrechnung eigenständige Begriffe und auch entsprechend umgeschriebene Formeln durchgesetzt.

Übertrage folgende Begriffe von der Prozent- zur Zinsrechnung:	Übertrage folgende Formeln von der Prozent- zur Zinsrechnung:
Prozentsatz (p%) → Zinssatz (p%)	$p = 100 \cdot \frac{W}{G}$ → $p = 100 \cdot \frac{Z}{K}$
Prozentwert (W) → Jahreszinsen (Z)	$W = \frac{p}{100} \cdot G$ → $Z = \frac{p}{100} \cdot K$
Grundwert (G) → Kapital (K)	$G = \frac{100}{p} \cdot W$ → $K = \frac{100}{p} \cdot Z$

Drei typische Fragestellungen der Zinsrechnung

Da es in der Zinsrechnung drei verschiedene Größen gibt (Zinssatz, Jahreszinsen und Kapital), gibt es drei typische Fragestellungen, bei denen jeweils eine der drei Größen gesucht ist.

Beispiel 7: Ein Guthaben von 450€ bringt Jahreszinsen von 15,75€.
Wie hoch ist der Zinssatz?
$p = 100 \cdot \frac{Z}{K} = 100 \cdot \frac{15,75}{450} = 3,5$
⇒ Der Zinssatz beträgt p = 3,5%.

Beispiel 8: Die Bank vergibt ein Darlehen von 8500€ zu 6,4%.
Wie hoch sind die Zinsen, die jährlich gezahlt werden müssen?
$Z = \frac{p}{100} \cdot K = \frac{6,4}{100} \cdot 8500 = 544$
⇒ Die Bank fordert jährliche Zinsen von Z = 544€.

Beispiel 9: Ein Baudarlehen zu 4,6% kostet 3220€ pro Jahr.
Wie hoch ist das geliehene Kapital?
$K = \frac{100}{p} \cdot Z = \frac{100}{4,6} \cdot 3220 = 70000$
⇒ Es wurde Kapital in Höhe von 70000€ geliehen.

2 Prozent- und Zinsrechnung

Zeitanteilige Zinsen

Kapital wird nicht nur für volle Jahre gespart oder geliehen. Für kürzere oder volle Jahre überschreitende Zeiträume erfolgt daher eine **zeitanteilige Verzinsung**. Beträgt der Zeitraum der Verzinsung **m Monate**, so wird von den Jahreszinsen der Bruchteil $\frac{m}{12}$ gewährt. Für die sogenannten **Monatszinsen** gilt also: $Z_m = \frac{p}{100} \cdot K \cdot \frac{m}{12}$.
Beträgt der Zeitraum der Verzinsung **t Tage**, so wird von den Jahreszinsen der Bruchteil $\frac{t}{360}$ gewährt. Für die sogenannten **Tageszinsen** gilt dann: $Z_t = \frac{p}{100} \cdot K \cdot \frac{t}{360}$.
Hinweis: Das Bankjahr hat stets 360 Tage, also 12·30 Tage! Jeder Bankmonat hat also 30 Tage. Diese Vereinfachungen stammen noch aus einer Zeit, als es keine Taschenrechner oder Computer zum Rechnen gab.

Beispiel 10: Frau Jesse legt 4000 € in einer Anleihe an, die mit 6,25 % verzinst wird und noch eine Laufzeit von 8 Monaten besitzt.
$Z_m = \frac{6{,}25}{100} \cdot 4000 \cdot \frac{8}{12} = 250 \cdot \frac{8}{12} \approx 166{,}67$
Von den 250 € Jahreszinsen werden ihr für 8 Monate 166,67 € gezahlt.

Beispiel 11: Herr Vogt legt 2500 € vom 12.2. bis zum 14.5. zu 3,45 % als Tagesgeld an.
Anlagedauer: 18 + 2·30 + 14 = 92 Tage
$Z_t = \frac{3{,}45}{100} \cdot 2500 \cdot \frac{92}{360} = 86{,}25 \cdot \frac{92}{360} \approx 22{,}04$
Für 92 Tage werden ihm 22,04 € gezahlt.

Zinseszinsen

Wird das (Anfangs-)Kapital K_0 für 2 Jahre oder mehr angelegt, so beschreibt der Ausdruck **Zinseszinsen** den Effekt, dass die Jahreszinsen eines Anlagejahres am Ende dieses Jahres dem bisherigen Kapital zugerechnet werden und dadurch mit in die Verzinsung der Folgejahre eingehen. Das Kapital und seine Verzinsung wachsen dadurch im Laufe der Jahre überproportional an. Wenn $K_1, K_2, K_3, \ldots, K_n$ das Kapital am Ende des 1., 2., 3., …, n-ten Jahres bezeichnet, dann gilt:

nach 1 Jahr: $K_1 = K_0 + Z_1 = K_0 + K_0 \cdot \frac{p}{100} = K_0 \cdot \left(1 + \frac{p}{100}\right)$

nach 2 Jahren:
$K_2 = K_1 + Z_2 = K_1 + K_1 \cdot \frac{p}{100} = K_1 \cdot \left(1 + \frac{p}{100}\right) = K_0 \cdot \left(1 + \frac{p}{100}\right) \cdot \left(1 + \frac{p}{100}\right) = K_0 \cdot \left(1 + \frac{p}{100}\right)^2$

nach 3 Jahren:
$K_3 = K_2 + Z_3 = K_2 + K_2 \cdot \frac{p}{100} = K_2 \cdot \left(1 + \frac{p}{100}\right) = K_0 \cdot \left(1 + \frac{p}{100}\right)^2 \cdot \left(1 + \frac{p}{100}\right) = K_0 \cdot \left(1 + \frac{p}{100}\right)^3$

nach n Jahren: $\mathbf{K_n = K_0 \cdot \left(1 + \frac{p}{100}\right)^n = K_0 \cdot q^n}$ mit dem **Zinsfaktor** $q = 1 + \frac{p}{100}$.

Beispiel 12: Ein Betrag von 5000 € wird 12 Jahre lang mit 4,5 % verzinst.
$K_{12} = K_0 \cdot q^{12} = K_0 \cdot \left(1 + \frac{4{,}5}{100}\right)^{12} = K_0 \cdot (1 + 0{,}045)^{12} = 5000 \cdot 1{,}045^{12} \approx 8479{,}41$
Nach 12 Jahren ist das Anfangskapital auf 8479,41 € angewachsen.

Test 1: Prozent- und Zinsrechnung

üben

1 Setze das richtige Zeichen (< , = , >) ein.

a) $\frac{1}{5}$ ☐ 23%; b) $\frac{4}{5}$ ☐ 80%; c) 32% ☐ $\frac{4}{12}$; d) 69% ☐ 0,69; e) 123% ☐ $1\frac{2}{9}$

2 Berechne die fehlenden Werte möglichst im Kopf.

	a)	b)	c)	d)	e)
p	10	25 ✓	20	250 ✓	0,5
W	260 ✓	0,3	0,8	12,5	0,07 ✓
G	2600	1,2	4 ✓	5	14

3 Berechne die fehlende Größe und runde das Ergebnis, falls erforderlich.
a) G = 0,4 t; W = 216 kg
b) W = 3,25 €; p% = 42,6%
c) p% = 138%; G = 50 min
d) W = 615 cm³; G = 3,2 ℓ

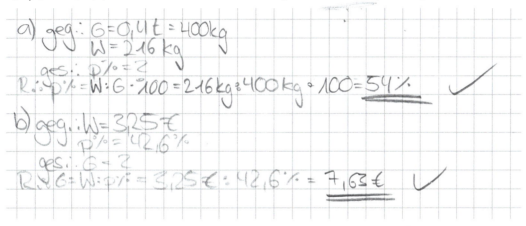

4 Berechne die fehlenden Werte möglichst im Kopf.

	a)	b	(c)	d)	e)
p	5,5	4		7,5	
Z(€)		80	15	225	11,25
K(€)	400		600		225

5 a) Ein Sparguthaben wächst während eines Jahres von 4230,65 € auf 4374,49 € an. Bestimme den Zinssatz.
b) Ein zu 7,8 % gewährtes Darlehen soll nach einem Jahr inklusive der Zinsen von 351 € zurückgezahlt werden. Wie hoch ist der Rückzahlungsbetrag?

19

Test 2: Zeitanteilige Zinsen, Zinseszinsen

üben

1 Berechne die zeitanteiligen Zinsen, wenn 3750 €
a) für 2 Monate zu 3,4 % angelegt werden.
b) von Anfang Mai bis Ende Oktober desselben Jahres zu 3,8 % angelegt werden.

2 Berechne die zeitanteiligen Zinsen, wenn 6480 €
a) für 56 Tage zu 2,3 % angelegt werden.

b) vom 14. Februar bis zum 9. Juni desselben Jahres zu 2,6 % angelegt werden.

c) vom 8. Oktober bis zum 3. Februar des folgenden Jahres zu 2,6 % angelegt werden und bereits zum Jahreswechsel Zwischenzinsen für das abgelaufene Jahr gutgeschrieben werden.

d) Vergleiche die Ergebnisse von b) und c) miteinander.

3 Um wie viel Prozent vergrößert sich ein Kapital von 1680 € bei einem Zinssatz von 4,5 % in 5 Jahren?

4 Wenn du 500 € anlegst und möchtest, dass sich das Kapital nach 8 Jahren verdoppelt, welchen Zinssatz müsstest du gewährt bekommen?

Test 3: Aufgaben für Experten

üben

1 Wie viel Prozent der Grundfläche (hellblau) füllt die einbeschriebene Figur jeweils aus? (Hinweis: Denke an die Formel $A = \pi \cdot r^2$)

a) 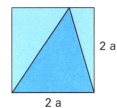   b) 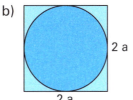   c)

2 Herr Eng muss ein Jahr lang 8000 € aufnehmen und fragt deshalb bei zwei Banken nach den Darlehenskonditionen. Welches der beiden Angebote ist für ihn günstiger? Bestimme auch die effektiven Zinssätze!

A-Bank
Auszahlung: 100 % der Darlehenssumme
Zinssatz: 6,25 %
Tilgung: 102 % der Darlehenssumme

B-Bank
Auszahlung: 98 % der Darlehenssumme
Zinssatz: 6 %
Tilgung: 100 % der Darlehenssumme

3 Ein Händler bietet einen Flachbildschirm für 899 € an, der auch in 12 Monatsraten à 79 € bezahlt werden kann. Sollte Herr Knapp dieses Angebot annehmen oder lieber für diesen Zeitraum einen Verbraucherkredit aufnehmen, der ihn 5 % Zinsen und 1 % Bearbeitungsgebühr kosten würde?

4 Frau Klug möchte 5000 € für 4 Jahre anlegen und vergleicht die beiden Bankangebote.
 a) Weches Angebot ist für sie von Vorteil?
 b) Gib für das Angebot der B-Bank auch den durchschnittlichen Zinssatz an.

A-Bank
Power-Sparen mit Zinseszinsen und Super-Zinssatz:
1. Jahr: 5,5 %
2. Jahr: 5,5 %
3. Jahr: 5,5 %
4. Jahr: 5,5 %

B-Bank
Dynamik-Sparen mit Zinseszinsen und steigendem Zinssatz:
1. Jahr: 2 %
2. Jahr: 5 %
3. Jahr: 7 %
4. Jahr: 8 %

können

Klassenarbeit Nr. 2   60 min

1 Schreibe in Prozent.

a) $\frac{1}{4}$ = 25%   b) 0,12 = 12%   c) $\frac{245}{1000}$ = 24,5%   d) 0,003 = 0,3%

2 In der Jubiläumszeitschrift eines Unternehmens zeigt die abgebildete Grafik, wie sich die Betriebszugehörigkeiten der 90 Mitarbeiterinnen und Mitarbeiter verteilt.
Wie viele Personen gehören zu jeder Gruppe?

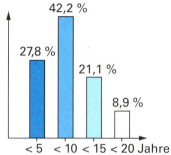

< 5 J.:

geg.: G = 90   R.: W = G·p% = 90·27,8% = 25,02 ≈ 25
p% = 27,8%   A.: In dieser Gruppe sind
ges.: W = ?   25 Personen.

< 10 J.:

geg.: G = 90   R.: W = G·p% = 90·42,2% = 37,98 ≈ 38
p% = 42,2%
ges.: W = ?

< 15 J.:

geg.: G = 90   R.: W = G·p% = 90·21,2% = 19,08 ≈ 19
p% = 21,2%
ges.: W = ?

< 20 J.:

geg.: G = 90   R.: W = G·p% = 90·8,9% = 8,01 ≈ 8
p% = 8,9%
ges.: W = ?

3 a) Notiere in der letzten Spalte den Vitamingehalt jeder Obstsorte in Promille.

Vitamin-C-Gehalt je 100 g Obst		
Johannisbeere	190 mg	
Zitrone/Orange	53 mg	
Ananas	20 mg	
Banane	12 mg	

22

b) Kerstin isst eine Schale voll Obstsalat, der sich aus 20 g Johannisbeeren, 60 g Ananas, 50 g Bananen und 10 g Zitronensaft zusammensetzt. Wie viel Prozent ihres Vitamin-C-Tagesbedarfs von 100 mg kann sie damit decken?

4 Berechne die fehlenden Angaben. Runde sinnvoll!

a)
Kapital in €	400	650	
Zinssatz	2,5 %		5,75 %
Jahreszinsen in €		19,5	147,78

b)
Kapital in €	1200	3860	
Zinssatz	3,5 %		6,25 %
Zeitanteilige Zinsen in €		105,83	324,74
Zeitraum	65 Tage	7 Monate	145 Tage

Klassenarbeit Nr. 2

5 a) Ein Reiseveranstalter wirbt für seine Last-Minute-Angebote mit dem Slogan „30% weniger zahlen – 30% mehr Urlaubsspaß". Was kosteten die Reisen zuvor?

1 Woche Mallorca nur noch 199,– €

2 Wochen Kreta nur noch 299,– €

3 Wochen Djerba nur noch 499,– €

b) Eine 14-tägige USA-Rundreise wurde sogar von 2665 € auf 1599 € reduziert. Wie viel Prozent beträgt hier der Preisnachlass?

a) 1. geg.: W = 199 €, p% = 30%, ges.: G = ?
R.: G = W : p% = 199 € : 30% = 663,3 € ≈ 663,33 €

2. geg.: W = 299 €, p% = 30%, ges.: G = ?
R.: G = W : p% = 299 € : 30% = 996,6 € ≈ 996,67 €

3. geg.: W = 499 €, p% = 30%, ges.: G = ?
R.: G = W : p% = 499 € : 30% = 1663,3 € ≈ 1663,33 €

b) geg.: G = 2665 €, W = 1599 €, ges.: p% = ?
R.: p% = W : G · 100 = 1599 € : 2665 € · 100 = 60%

6 Nico möchte 2500 €, die er geerbt hat, für mindestens 4 Jahre anlegen. Er bekommt von zwei Banken folgende Angebote:

Angebot von Bank A: Das Geld wird in den ersten 4 Jahren zu einem festen Zinssatz von 3,25% angelegt, danach steigt der feste Zinssatz auf 4,2% an.

Angebot von Bank B: Das Geld wird zu einem steigenden Zinssatz angelegt („Wachstumssparen") 1. Jahr 2,2%, 2. Jahr 2,8%, 3. Jahr 3,5%, 4. Jahr 4,0%, danach jedes Jahr + 0,5% bis maximal 6%.

a) Wenn Nico sein Geld nach 4 Jahren wieder abheben will, für welche Bank sollte er sich dann entscheiden?

b) Tatsächlich hebt Nico das Geld aber erst nach 6 Jahren ab. Hätte es einen Unterschied gemacht, wenn er bei der anderen Bank angelegt hätte? Wenn ja, wie viel Euro?

erreichte Punktzahl / 30

3 Terme

Der Termbegriff

Aus der Geometrie kennst du Formeln wie z.B. $A = \frac{1}{2} \cdot g \cdot h$ oder $u = 2 \cdot \pi \cdot r$.
Die in diesen Formeln vorkommenden Ausdrücke wie $\frac{1}{2} \cdot g \cdot h$ oder $2 \cdot \pi \cdot r$,
nennt man **Terme**.

Ein Term ist also ein Rechenausdruck, der sich aus **Zahlen** $\left(3; -2{,}5; 2\frac{2}{8}; \ldots\right)$
und/oder **Variablen** (a; b; s; t; x; y; ...) und **Rechenoperationen** $(+ ; - ; \cdot ; : ; (*)^2; \ldots)$
zusammensetzen kann.

Es gibt drei verschiedene Typen von Termen:

1. Terme ohne Variable,

2. Terme mit einer Variablen und

3. Terme mit mehreren, unterschiedlichen Variablen.

Beispiel 1: Terme **ohne Variable** kannst du direkt berechnen: $3 + 5^3 = 128$.

Beispiel 2: Terme **mit einer Variablen** erfordern die Angabe einer **Grundmenge**
(das ist die Menge aller Werte, die die Variable annehmen darf). Die Angabe
$2 \cdot x - 3$ und $G_x = \{-2; 0; 3\}$ führt auf die Berechnungen $2 \cdot (-2) - 3 = -7$;
$2 \cdot 0 - 3 = -3$ und $2 \cdot 3 - 3 = 3$.

Beispiel 3: Terme **mit mehreren Variablen**, wie z.B.
$5 \cdot a^3 - 2t^2$ erfordern eine Angabe für jede darin vor-
kommende Variable: $G_a = \{0; 1; 2\}$; $G_t = \{-3; -2; -1\}$.
Gilt für alle Variablen die gleiche Grundmenge,
genügt es, nur eine anzugeben: $G_{a,t} = \{1; 2; 3; 4\}$.

> Wenn für einen Term **keine Grundmenge** angegeben ist, kannst du immer von der Menge $\mathbb{Q}$ der rationalen Zahlen als Grundmenge ausgehen.

Addition und Subtraktion von Termen

Durch Addition oder Subtraktion lassen sich Terme oft deutlich vereinfachen.
Du addierst oder subtrahierst **Terme mit gleichen Variablen oder Gruppen von
Variablen**, indem du ihre **Vorfaktoren** (auch: **Koeffizienten**) addierst oder
subtrahierst und die Variable, bzw. Gruppe von Variablen, beibehältst.

Beispiel 4: a) $7a + 12a = (7 + 12)a = 19a$

b) $5{,}2x^2y - 3{,}6x^2y = (5{,}2 - 3{,}6) \cdot x^2y = 1{,}6x^2y$

c) $8a^2 + 4b^2 - 11a^2 + 3b^2 = (8 - 11) \cdot a^2 + (4 + 3) \cdot b^2$
$$= -3a^2 + 7b^2$$

Achtung: Terme mit verschiedenen Variablen
lassen sich *nicht* durch Addition oder Subtraktion
zusammenfassen.

Beispiel 5: a) $12a - 3\frac{1}{4}b$ b) $6{,}2s + 3{,}5s^4$

c) $2p^2q - \frac{1}{3}pq^2$

> Das sogenannte **Kommutativgesetz** („Vertauschungsgesetz") erlaubt es dir, einzelne Terme in einer Summe oder Differenz zu vertauschen, wenn du die Vorzeichen mit vertauschst (vgl. Beispiel 4c).

3 Terme

Multiplikation und Division von Produkttermen

Produktterme wie z. B. 5xy multiplizierst du **mit einer Zahl**, indem du die Vorfaktoren mit der Zahl multiplizierst. Du dividierst sie durch eine Zahl, indem du die Vorfaktoren durch die Zahl dividierst.
Beispiel 6: a) $4 \cdot 5xy = 20xy$ b) $14x^2 : 7 = 14:7 \cdot x^2 = 2x^2$

Multipliziere oder dividiere **zwei Produktterme**, indem du zunächst ihre Vorfaktoren multiplizierst oder dividierst. Anschließend werden die Variablen, bzw. die Potenzfaktoren mit gleicher Basis, in alphabetischer Reihenfolge multipliziert oder dividiert.
Beispiel 7: a) $5a \cdot 6a^2 = (5 \cdot 6) \cdot (a \cdot a^2) = 30a^3$
b) $0{,}2x^4y^6 : 0{,}01x^2y^3 = (0{,}2:0{,}01) \cdot (x^4:x^2) \cdot (y^6:y^3) = 20x^2y^3$

Für die Multiplikation (Division) von **Potenzfaktoren mit gleicher Basis** gelten folgende Gesetze („Potenzgesetze"):

$$a^m \cdot a^n = a^{m+n} \qquad a^m : a^n = a^{m-n}$$

Summenterme auflösen oder neu bilden

Beachte die **Distributivgesetze** (→ Seite 8), wenn du einen **Summenterm** mit einem weiteren Term multiplizierst, bzw. durch ihn dividierst. **Differenzterme** werden ebenso nach den Distributivgesetzen behandelt und deshalb begrifflich mit unter die Summenterme gefasst. Jeder Summand eines Summentermes wird unter Beachtung der Vorzeichenregeln (→ Seite 7) mit dem Vorfaktor multipliziert, bzw. durch ihn dividiert.
Beispiel 8: a) $2xy \cdot (7x + 4y) = 2xy \cdot 7x + 2xy \cdot 4y = 14x^2y + 8xy^2$
b) $\left(\frac{3}{4}a^5b^3 - \frac{1}{2}a^4b^4\right) : \frac{3}{8}a^2b = \frac{3}{4}a^5b^3 : \frac{3}{8}a^2b - \frac{1}{2}a^4b^4 : \frac{3}{8}a^2b = 2a^3b^2 - 1\frac{1}{3}a^2b^3$

Auch in Termen kann faktorisiert werden (ausgeklammert) werden (→ Seite 8).
Beispiel 9: a) $8a^2b + 6ab^2 = 2ab \cdot 4a + 2ab \cdot 3b = 2ab \cdot (4a + 3b)$
b) $x^4y^5z^2 - x^2y^5z^3 = x^2y^5z^2 \cdot x^2 - x^2y^5z^2 \cdot z = x^2y^5z^2 \cdot (x^2 - z)$

Multiplikation von Summentermen

Multipliziere zwei Summenterme, indem du jeden Summanden der ersten Klammer unter Beachtung der Vorzeichenregeln (→ Seite 7) mit jedem Summanden der zweiten Klammer multiplizierst.
Beispiel 10: a) $(a + b) \cdot (c + d) = ac + ad + bc + bd$
b) $(a^2 - p^3) \cdot (b^4 + q^2) = a^2b^4 + a^2q^2 - p^3b^4 - p^3q^2$

Folgende Sonderfälle sind als **binomische Formeln** bekannt:
1. binomische Formel
$(a + b)^2 = a^2 + 2ab + b^2$
2. binomische Formel
$(a - b)^2 = a^2 - 2ab + b^2$
3. binomische Formel
$(a + b) \cdot (a - b) = a^2 - b^2$

Test 1: Terme bilden und berechnen

üben

1 Bilde zu den Texten die entsprechenden Terme.

a) Vermindere das Doppelte einer Zahl um 3. _____

b) Vergrößere das Fünffache einer Zahl um ihr Quadrat. _____

c) Teile das Quadrat einer Zahl durch die um 7 verminderte Zahl. _____

2 Welche Werte kann der Term über seiner Grundmenge annehmen?

a) $5a - 3{,}5$; $G_a = \{-3; 0; \frac{1}{2}\}$ b) $2y^2 + y : 2$; $G_y = \{-2; -1{,}5; \frac{1}{2}\}$

3 a) Gib die Terme zur Berechnung des Umfangs u und des Flächeninhalts A an.

(1) 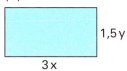 (2) 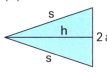 (3)

b) Berechne die Terme aus Teilaufgabe a) für folgende Werte.

(1) $x = 1{,}7\,dm$; $y = 12\,cm$ u = _____ ; A = _____

(2) $a = 1{,}8\,dm$; $s = 3\,dm$; $h = 2{,}4\,dm$ u = _____ ; A = _____

(3) $r = 2\frac{3}{4}\,m$ u = _____ ; A = _____

27

Test 2: Summen- und Potenzterme

1 Bilde einen *klammerfreien* Term.
  a) Multipliziere das um 3 Vermehrte einer Zahl mit dem Dreifachen dieser Zahl.
  b) Ziehe vom Quadrat einer Zahl ihr 2,5-Faches ab und teile die Differenz durch ihr 0,5-Faches.

2 Bilde zunächst einen klammerfreien Term und fasse dann so weit wie möglich zusammen.
  a) $-3,2xy \cdot (-4,6ax + 5,4by)$
  b) $(9,6u^4v^3 - 14,4u^5v^4 + 12u^3v^3) : (-2,4u^3v)$
  c) $\frac{3}{4}a^2x \cdot (a^2x + x^4) - \frac{5}{6}ax^2 \cdot (a^3 - ax^3)$
  d) $(3,6b^4p^3z^3 - 1,8b^3p^5z^2) : (0,6b^2p^2) - \left(1\frac{1}{2}b^5pz^5 - 2\frac{3}{4}b^4p^3z^4\right) : \left(-\frac{1}{4}b^3z^2\right)$

3 Faktorisiere den Term so weit wie möglich.
  a) $1,5x^4 - 4,5x^2 + 6x^3$
  b) $6a^3b^2 - 4a^2b^4$
  c) $-2,4a^5p^4w^3 + 4,2a^3p^5w^4 - 1,8a^4p^3w^5$

Test 3: Binomische Formeln

üben

1 Bilde *klammerfreie* Terme.
   a) Quadriere das um 5 vergrößerte Doppelte einer Zahl.
   b) Multipliziere den Nachfolger einer natürlichen Zahl mit dem Vorgänger der natürlichen Zahl.
   c) Quadriere die Differenz aus dem 4,5-Fachen einer ersten Zahl und dem 3,5-Fachen einer zweiten Zahl.

2 Wandle in klammerfreie Terme um und fasse, falls möglich, zusammen.
   a) $(4x^2 + 5y)^2$
   b) $3(ax + by)^2 - 4(ax - by)^2$
   c) $2{,}4(2p - 3q)^2 - 3{,}6(2p - 3q)(3q + 2p)$
   d) $(a + b + c)(a + b - c)$

3 Ergänze.
   a) $(3 + \underline{})^2 = \underline{} + 6b + b^2$
   b) $(\underline{})^2 = 4 + \underline{} + 9b^2$
   c) $(5x + \underline{})^2 = \underline{} + \underline{} + 64y^2$
   d) $(\underline{} - \underline{})^2 = 121a^2 - 44ab + \underline{}$
   e) $(5a - \underline{}) \cdot (5a + \underline{}) = \underline{} - 49b^2$

29

Test 4: Aufgaben für Experten

1 Fasse zusammen. Nutze dein Heft für die Nebenrechnungen.

a) $4{,}5\,a^2x - 0{,}5\,by^2 + 0{,}6\,a^2x - 1{,}6\,by^2 =$ _____

b) $\left(-\frac{3}{5}x^2y^3 \cdot \frac{5}{6}x^3y\right) : \left(-\frac{5}{8}x^2y^3\right) =$ _____

c) $13c^3z \cdot \frac{1}{5}cz^2 + 1\frac{1}{5}c^6z^8 : \left(-\frac{2}{7}c^2z^5\right) =$ _____

d) $-1\frac{5}{6}(ax - cx)^5 \cdot y^5 + \frac{3}{4}(ay - cy)^5 \cdot x^5 =$ _____

2 a) Trage in jede Teilfläche des Rechtecks denjenigen Term ein, der ihrem Flächeninhalt entspricht.

b) Gib zwei mögliche Terme für den Flächeninhalt des gesamten Rechtecks an.

_____

_____

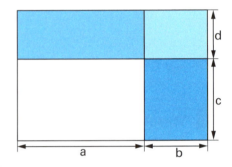

c) Ziehe aus Teilaufgabe b) eine Schlussfolgerung und erläutere sie.

_____

3 Drücke die blaugestrichelt umrandete Fläche aus, indem du von der weißen Fläche ausgehst und geeignete Teilflächen hinzufügst und/oder abziehst.

a) 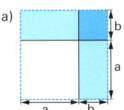 b) 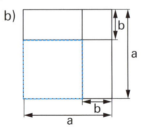 c)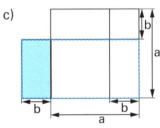

4 a) Sandra behauptet: „Anstatt eine natürliche Zahl mit ihrem übernächsten Nachfolger zu multiplizieren, kann ich auch das Quadrat ihres direkten Nachfolgers um 1 verkleinern!" – Stimmt das?

b) Berechne möglichst günstig.   (1) $109 \cdot 111$ (2) $140 \cdot 160$

Klassenarbeit Nr. 3

können

1 Bilde den entsprechenden Term.

a) Vergrößere das Vierfache einer Zahl um 5. _____

b) Vermindere das Quadrat einer Zahl um ihre Hälfte. _____

c) Quadriere die Summer aus 7 und dem dritten Teil einer Zahl. _____

d) Teile die Differenz aus dem Quadrat einer Zahl und 5 durch das Sechsfache der Zahl. _____

/4

2 Vereinfache.

a) $a + a + 3 + a + a + 2 = $ _____

b) $10x + 4x + 12 + (-9x) - 11 - (-2x) = $ _____

c) $65t - 30t^2 : (-5) = $ _____

d) $(65t - 30t^2) : 5 = $ _____

/4

3 Arbeite im Heft: Bestimme je einen Term für Umfang und Flächeninhalt. Berechne anschließend den Umfang für

a) $a = 2{,}5\,cm;\ b = 3{,}2\,cm$

b) $a = 4\,dm;\ b = 120\,mm$

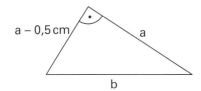
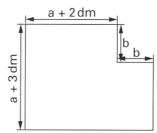

/6

4 Vereinfache so weit wie möglich. Achte auf alle Regeln!

a) $3 \cdot (2x + 4) - 3 \cdot x + 5 = $ _____

b) $(2{,}5y - 6{,}2) \cdot 4 - 2 \cdot 3y + 4{,}1 = $ _____

c) $5x \cdot (6x - 7y) + \frac{1}{5}y \cdot (20x + 15y) = $ _____

d) $(-2x^2y) \cdot (xy^2 - 2y) + 3xy^2 \cdot (-4x^2y + 5x) = $ _____

/4

können

Klassenarbeit Nr. 3

5 Faktorisiere vollständig.

a) $ax^3 + 2ax^2y + axy^2$ _____

b) $6ax - 4ay - 9bx + 6by$ _____
_____

c) $p^2q^2 - p^2qu + pq^2u - pqu^2$ _____
_____

6 Berechne das Produkt der Summenterme und fasse so weit wie möglich zusammen.

a) $(4,5x - 5y^2) \cdot (2x^2 + 3,5y) =$ _____
_____

b) $(-2a^2x + 7by^3) \cdot (6ax^3 - 8b^2) =$ _____
_____
_____

c) $(p + 2q - 3r) \cdot (-3p + q - 2r) =$ _____
_____
_____

7 Berechnet man das Produkt $(x + p) \cdot (x + p)$ erhält man:
$x \cdot x + x \cdot q + p \cdot x + p \cdot q = x^2 + (p + q) \cdot x + pq$.
Vergleicht man damit den Summenterm $x^2 + 4x + 3$ erkennt man, dass man ihn schnell in den Produktterm $(x + 3) \cdot (x + 1)$ verwandeln kann.
Mache dir klar warum. Fülle anschließend die Tabelle aus:

Term	p · q	p + q	faktorisierter Term
$x^2 + 5x + 6$			
$x^2 + 7x + 12$			
$x^2 - 10x + 24$			
$x^2 - 3x - 10$			

erreichte Punktzahl

 30

4 Lineare Gleichungen und Ungleichungen

verstehen

Was sind Gleichungen?

Wenn du zwei Terme T_1 und T_2 durch ein „=" miteinander verbindest („gleichsetzt"), entsteht eine Gleichung ($T_1 = T_2$). Wenn in beiden Termen keine Variablen vorkommen, stellt die Gleichung entweder eine **wahre** oder eine **falsche Aussage** dar.

Beispiel 1: $2 = 2$ und $-4{,}5 = -4{,}5$ sind wahre Aussagen, $3 = 4$ und $-2\frac{1}{2} = -2{,}05$ dagegen falsche.

Gleichungen, bei denen mindestens einer der Terme eine Variable enthält (oft ist es x), nennt man eine **Aussageform**.
Zu einer solchen Aussageform gehört stets eine **Grundmenge G_x**, wie du sie schon von den Termen kennst. Sobald du für die Variable Zahlen aus der Grundmenge einsetzt, entstehen wahre oder falsche Aussagen.
Zahlen aus der Grundmenge, die auf eine wahre Aussage führen, nennt man **Lösungen der Gleichung**. Sie werden in der **Lösungsmenge L** zusammengefasst.

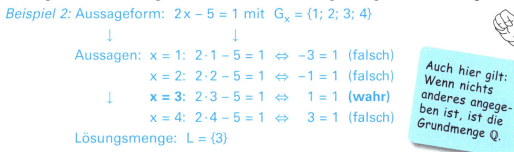

Beispiel 2: Aussageform: $2x - 5 = 1$ mit $G_x = \{1; 2; 3; 4\}$

Aussagen:
x = 1: $2 \cdot 1 - 5 = 1 \Leftrightarrow -3 = 1$ (falsch)
x = 2: $2 \cdot 2 - 5 = 1 \Leftrightarrow -1 = 1$ (falsch)
x = 3: $2 \cdot 3 - 5 = 1 \Leftrightarrow 1 = 1$ **(wahr)**
x = 4: $2 \cdot 4 - 5 = 1 \Leftrightarrow 3 = 1$ (falsch)
Lösungsmenge: $L = \{3\}$

Auch hier gilt: Wenn nichts anderes angegeben ist, ist die Grundmenge $\mathbb{Q}$.

Lineare Gleichungen

Eine Gleichung heißt **linear**, wenn sie die Form $ax + b = 0$ besitzt oder durch **Äquivalenzumformungen**, d.h. Umformungen, die die Lösungsmenge nicht verändern, auf dieses Schema gebracht werden kann.
Beispiel 3:
Diese Gleichungen sind linear: $5x + 8 = 0$; $-8{,}9x - 4\frac{3}{5} = 0$
Diese Gleichung ist quadratisch: $4x^2 - 7x + 5 = 0$
Diese Gleichung ist nicht-linear: $4x - \frac{5}{x} = 0$

Achtung: Unterscheide stets zwischen linearen und nicht-linearen Gleichungen, denn letztere besitzen andere Lösungsverfahren.

Wie man quadratische und andere nicht-lineare Gleichungen löst, lernst du in der 8. Klasse.

33

4 Lineare Gleichungen und Ungleichungen

Gleichungen vom Typ $x + c = d$

Gleichungen vom Typ $x + c = d$ $(c; d \in \mathbb{Q})$ löst du, indem du auf beiden Seiten die Zahl c (im Beispiel 4: c = 2) subtrahierst.

Beispiel 4:

$$x + 2 = 6 \quad |-2$$
$$\Leftrightarrow x + 2 - 2 = 6 - 2$$
$$\Leftrightarrow x = 4$$
$$L = \{4\}$$

allgemein:

$$x + c = d \quad |-c$$
$$\Leftrightarrow x + c - c = d - c$$
$$\Leftrightarrow x = d - c$$
$$L = \{d - c\}$$

Alle Gleichungen vom Typ $x + c = d$ sind linear, denn sie sind vom Schema $ax + b = 0$ für $a = 1$ und $b = c - d$.

Gleichungen vom Typ $ax = d$

Gleichungen vom Typ $ax = d$ $(a \in \mathbb{Q}^*; d \in \mathbb{Q})$[1] löst du, indem du beide Seiten durch a (im Beispiel 5: a = 3) dividierst.

Beispiel 5:

$$3 \cdot x = 6 \quad |:3$$
$$\Leftrightarrow 3 \cdot x : 3 = 6 : 3$$
$$\Leftrightarrow x = 2$$
$$L = \{2\}$$

allgemein:

$$a \cdot x = d \quad |:a$$
$$\Leftrightarrow a \cdot x : a = d : a$$
$$\Leftrightarrow x = d : a$$
$$L = \left\{\frac{d}{a}\right\}$$

Natürlich sind auch die Gleichungen $ax = d \Leftrightarrow ax + (-d) = 0$ linear.

Gleichungen vom Typ $ax + c = d$

Gleichungen vom Typ $ax + c = d$ $(a \in \mathbb{Q}^*; c, d \in \mathbb{Q})$ löst du, indem du zunächst auf beiden Seiten c (im Beispiel 6: c = 4) subtrahierst und anschließend beide Seiten durch a (im Beispiel 6: a = 2) dividierst.

Beispiel 6:

$$2 \cdot x + 4 = 8 \quad |-4$$
$$\Leftrightarrow 2 \cdot x + 4 - 4 = 8 - 4$$
$$\Leftrightarrow 2 \cdot x = 4 \quad |:2$$
$$\Leftrightarrow 2 \cdot x : 2 = 4 : 2$$
$$\Leftrightarrow x = 2$$
$$L = \{2\}$$

allgemein:

$$a \cdot x + c = d \quad |-c$$
$$\Leftrightarrow a \cdot x + c - c = d - c$$
$$\Leftrightarrow a \cdot x = d - c \quad |:a$$
$$\Leftrightarrow a \cdot x : a = (d - c) : a$$
$$\Leftrightarrow x = (d - c) : a$$
$$L = \left\{\frac{d - c}{a}\right\}$$

Alle Gleichungen $ax + c = d \Leftrightarrow ax + (c - d) = 0$ sind linear.

---

[1] Zur Erinnerung: $\mathbb{Q}^*$ sind alle rationalen Zahlen **ohne** die Null.

verstehen

Lineare Gleichungen vom Typ $T_1(x) = T_2(x)$

Bei diesem Gleichungstyp tritt die Variable x in beiden Termen T_1 und T_2, also auf beiden Seiten der Gleichung auf. Die folgenden Beispiele zeigen, dass die zuvor dargestellten **Äquivalenzumformungen** ($\Leftrightarrow$) auch in diesen Fällen zur Lösung führen.

Beispiel 7:

$9x + 25 = 5x + 5 \quad | -5x$
$\Leftrightarrow\ 4x + 25 = 5 \quad\quad\quad | -25$
$\Leftrightarrow\ 4x = -20 \quad\quad\ | :4$
$\Leftrightarrow\ x = -5$
$L = \{-5\}$

Beispiel 8:

$18(x - 2) = 4(x + 12) \quad | \text{Klammern}$
auflösen
$\Leftrightarrow\ 18x - 36 = 4x + 48 \quad | -4x$
$\Leftrightarrow\ 14x - 36 = 48 \quad\quad\quad | +36$
$\Leftrightarrow\ 14x = 84 \quad\quad\quad | :14$
$\Leftrightarrow\ x = 6$
$L = \{6\}$

Beispiel 9:

$2x \cdot (2x - 9) = (2x + 3) \cdot (2x - 3)$
$\Leftrightarrow\ 4x^2 - 18x = 4x^2 - 9 \quad | -4x^2$
$\Leftrightarrow\ -18x = -9 \quad\quad\quad | :(-18)$
$\Leftrightarrow\ x = 0{,}5$
$L = \{0{,}5\}$

Achtung: In Beispiel 9 liegt zunächst eine quadratische Gleichung vor, jedoch kannst du den quadratischen Term $4x^2$ durch Subtraktion eliminieren, und die resultierende Gleichung $-18x = -9 \Leftrightarrow -18x + 9 = 0$ ist linear!

Gleichungen mit besonderen Lösungsmengen

Die Beispiele 4 bis 9 vermitteln den Eindruck, dass lineare Gleichungen stets **eindeutig lösbar** sind, jedoch können noch **zwei andere Lösungssituationen** auftreten:

Beispiel 10: $\quad 2 \cdot (4 + 5x) = 10 \cdot (x + 1) - 2$
$\phantom{\textit{Beispiel 10:} \quad}\Leftrightarrow\ 8 + 10x = 10x + 10 - 2 \quad | -10x$
$\phantom{\textit{Beispiel 10:} \quad}\Leftrightarrow\ 8 = 8 \quad\quad\quad\quad\quad\ \text{(wahr)}$

Die Gleichung führt für jede Zahl $x \in \mathbb{Q}$ auf eine **wahre Aussage**, daher lautet die **Lösungsmenge: $L = \mathbb{Q}$**.

Beispiel 11: $\quad 2 \cdot (4 + 5x) = 10 \cdot (x + 1) + 2$
$\phantom{\textit{Beispiel 11:} \quad}\Leftrightarrow\ 8 + 10x = 10x + 10 + 2 \quad | -10x$
$\phantom{\textit{Beispiel 11:} \quad}\Leftrightarrow\ 8 = 12 \quad\quad\quad\quad\ \text{(falsch)}$

Die Gleichung führt für jede Zahl $x \in \mathbb{Q}$ auf eine **falsche Aussage**, es gibt also keine Zahl aus der Grundmenge, die auf eine wahre Aussage führt, daher lautet die **Lösungsmenge: $L = \{\ \}$**.

Da Gleichungen mit besonderen Lösungsmengen in der Schule seltener sind als „normale", solltest du, wenn du eine besondere Lösungsmenge erhältst, nochmal nachrechnen, um sicher zu sein.

4 Lineare Gleichungen und Ungleichungen

Textaufgaben

Häufig findet man Textaufgaben, die sich mithilfe von Gleichungen lösen lassen. Das „Übersetzen" in eine Gleichung kann ziemlich schwierig sein.
Schau dir die Lösungstipps genau an!

Beispiel 12: Vor zehn Jahren war Karins Mutter sechsmal so alt wie ihre Tochter, in 10 Jahren wird sie nur noch doppelt so alt sein.
Wie alt sind Mutter und Tochter heute? ①

Alter	Karin	Mutter
heute	x ②	
vor 10 Jahren	x − 10 ③	6(x − 10) ③
in 10 Jahren	x + 10 ③	2(x + 10) ③

④ Zwischen 6(x − 10) und 2(x + 10) liegen 20 Jahre. Das führt auf die Gleichung:

$$6(x - 10) + 20 = 2(x + 10)$$

⑤ ⇔   6x − 60 + 20 = 2x + 20 | −2x
⑤ ⇔   4x − 40 = 20 | + 40
⑤ ⇔   4x = 60 | :4
⑤ ⇔   x = 15

Antwort: Karin ist heute 15 Jahre alt, ihre Mutter ist 2(15 + 10) − 10 = 40 Jahre alt. ⑥ ⑦

> Gehe bei jeder Textaufgabe diese Lösungsschritte der Reihe nach durch:
> ① Lies den Text gründlich.
> ② Lege die Variable x fest.
> ③ Setze den Text in Terme um.
> ④ Stelle eine Gleichung auf.
> ⑤ Löse die Gleichung durch Äquivalenzumformungen
> ⑥ Mache die Probe. Ist das Ergebnis plausibel?
> ⑦ Formuliere einen Antwortsatz.

Lineare Ungleichungen

Eine **lineare Ungleichung** hat die Form $a \cdot x + b > 0$, bzw. $a \cdot x + b \geq 0$, oder $a \cdot x + b < 0$, bzw. $a \cdot x + b \leq 0$, oder sie lässt sich durch Äquivalenzumformungen auf eine dieser Formen bringen. Auch Ungleichungen werden durch Äquivalenzumformungen gelöst. Die Lösungen kannst du als Bereiche auf dem Zahlenstrahl veranschaulichen.

Ungleichungen weisen gegenüber den Gleichungen folgende **Besonderheit bei den Äquivalenzumformungen** auf: Wird eine Ungleichung mit einer negativen Zahl multipliziert oder durch eine negative Zahl dividiert, so dreht sich hierbei das Relationszeichen „<", „≤", „>" oder „≥" um!

Beispiel 13:   4 − 3x ≤ 10 | −4
            ⇔   −3x ≤ 6 | :(−3)
            ⇔   x ≥ −2
            L = {x ∈ ℚ | x ≥ −2}   (→ ²)

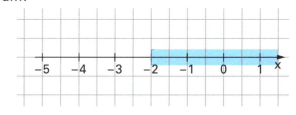

---

2   Hier enthält die Lösungsmenge zwei Teile: Der 1. Teil (vor dem senkrechten Strich) gibt an, aus welcher Grundmenge x stammt. Der zweite Teil gibt entweder alle Lösungen an oder beschreibt sie.

Test 1: Gleichungen aufstellen und lösen

üben

1 Stelle fest, ob die Gleichung über der gegebenen Grundmenge Lösungen besitzt.

a) $x - 3 = 1$
   für $G_x = \{-4;\ 0;\ 4\}$

b) $3x + 15 = 55 - x$
   für $G_x = \{-10;\ 10;\ 30\}$

2 Jede Abbildung stellt eine Gleichung dar. Notiere und löse sie.
Hinweis: 1 weißes Gewicht ≙ 1 Einheit; 1 blaues Gewicht ≙ x Einheiten

a) 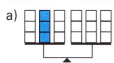   b) 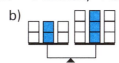   c)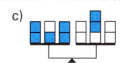

3 Stelle fest, ob folgende Gleichungen linear sind.

a) $-4{,}2x + 3{,}7 = 6{,}8 - 5{,}3x$

b) $(2x - 4)^2 = (4 + 2x)^2$

37

üben

Test 2: Ungleichungen aufstellen und lösen

1 Beschreibe den markierten Zahlenbereich durch **eine** Ungleichung. **Hinweis:** Die Zeichen „[" und „]" besagen, dass der Randwert eines Zahlenbereichs nur dann dazu zählt, wenn die „Haken" in Richtung dieses Bereichs weisen.

a) 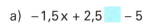 _____

b) _____

c) _____

2 Jede Abbildung stellt eine Ungleichung dar. Notiere.
Hinweis: 1 weißes Gewicht ≙ 1 Einheit; 1 blaues Gewicht ≙ x Einheiten

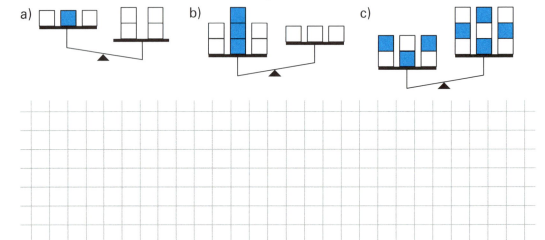

3 Folgende Ungleichungen besitzen unter anderem die Lösung x = 4, das heißt 4 ∈ L. Setze zunächst das richtige Relationszeichen „<" oder „>" an die Stelle von ▨ und bestimme anschließend die vollständige Lösungsmenge.

a) $-1{,}5x + 2{,}5 \;\square\; -5$ 	 b) $\frac{3}{4}x - 2\frac{1}{2} \;\square\; \frac{1}{2}x - 1\frac{1}{4}$

Test 3: Textaufgaben

üben

1 a) Notiere die entsprechenden Gleichungen und löse sie. Achte auf die richtige Reihenfolge.

   (1) Vergrößert man das Doppelte einer Zahl um 7, so erhält man das Dreifache der um 5 verminderten Zahl. _____

   (2) Das Produkt einer natürlichen Zahl mit ihrem Nachfolger entspricht ihrem um 4 vergrößerten Quadrat. _____

b) Formuliere zu jeder Gleichung einen passenden Aufgabentext.
   (1) $2x + 8 = 5x - 2$

   _____

   _____

   (2) $0{,}5 \cdot (x + 2) = 4x - 6$

   _____

   _____

2 In einer Tüte sind 90 Gummibärchen in den Farben Grün, Rot und Gelb. Von den grünen gibt es 2 weniger als von den roten und von den gelben 13 mehr als von den grünen.
Wer die drei Anzahlen zuerst richtig angeben kann, der soll die Tüte bekommen.

3 Ein Stromtarif setzt sich aus der jährlichen Zählergebühr (ZG) und dem Verbrauchspreis (VB) pro Kilowattstunde (kWh) zusammen. Zur Auswahl stehen die Tarife T_1: ZG = 30 €; VB = 14,0 Cent pro kWh und T_2: ZG = 60 €; VB = 13,5 Cent pro kWh.
Bei welchem Jahresverbrauch ist welcher Tarif von Vorteil?

39

Test 4: Aufgaben für Experten

 1
a) Wenn du zum Doppelten einer Zahl 7 addierst, so erhältst du 3.
b) Quadriere das um 2 Verminderte einer Zahl, so erhältst du ihr um zwei vermindertes Quadrat.

 2 Bei den beiden Rechtecken R₁ und R₂ lassen sich die Seitenlängen durch die genannten Terme ausdrücken. Wenn du den Wert von x änderst, dann ändern sich natürlich auch die Seitenlängen.

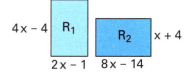

a) Stelle fest, welche Werte für x zulässig sind und gib die Grundmenge an.
b) Gibt es einen zulässigen Wert x, für den R₁ und R₂ den gleichen Flächeninhalt haben?

 3 Angesichts jährlicher Heizkosten von zuletzt 765 € überlegt Herr Klug, nach wie vielen Jahren sich Isolierfenster (1640 €) und weitere Wärmedämmungen (1420 €) wohl bezahlt machen würden (= amortisieren), wenn die Heizkosten dadurch um 25 % gesenkt würden.

 4 Ein Landwirt will auf der abgebildeten Weide Kühe halten und setzt, um dem Futterbedarf zu entsprechen, für jedes Tier 200 m² Weidefläche an. Außerdem sollen alle Tiere auch in einer Stallung, die in einer Ecke der Weide errichtet wird, Platz finden. Dort rechnet er mit 10 m² pro Tier. Wie viele Kühe kann er so halten?

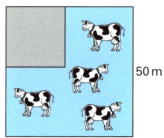

40

Klassenarbeit Nr. 4

können

1 Prüfe, ob die Gleichung über der Grundmenge Lösungen besitzt.

a) $2x - 4 = 7$; $G_x = \{-5{,}5;\ 2;\ 5{,}5\}$
b) $-\frac{3}{2}x + 6 = 15$; $G_x = \mathbb{N}$

2 Löse im Kopf.

a) $x + 7 = 10$; $L = \{\quad\}$
b) $x - 12 = -8$; $L = \{\quad\}$

c) $2x = x + 9$; $L = \{\quad\}$
d) $4x + 2{,}5 = 5x$; $L = \{\quad\}$

e) $-10x = 4$; $L = \{\quad\}$
f) $6x - 4{,}5x = 13{,}5$; $L = \{\quad\}$

3 Beschreibe mithilfe von Ungleichungen und/oder Gleichungen die Menge aller Punkte $P(x|y)$, die

a) innerhalb des Rechtecks ABCD liegen.

_____

b) auf der Strecke AB liegen.

_____

c) auf der Strecke BC liegen.

_____

d) ... außerhalb des Rechtecks ABCD liegen.

_____

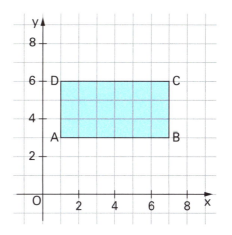

$2 \leq x \leq 4$ beschreibt beispielsweise alle x-Werte, die zwischen 2 und 4 liegen.

41

Klassenarbeit Nr. 4

4 Löse die Gleichungen.
a) $4 \cdot (2x - 4) = 24 + 3x$
b) $2 \cdot (-6x - 3) = 46 + 4 \cdot (-6x - 7)$
c) $(x + 4) \cdot (x - 4) - x^2 = 3x - 1$
d) $(2x - 5)^2 - 3x^2 = x^2 + 5$

5 Löse die Gleichung über den Grundmengen $\mathbb{Q}$ und $\mathbb{N}$.
$5 \cdot (2x - 3) - 4 \cdot (6 - 5x) = 15 - 8 \cdot (9 - 3x)$

6 Löse mithilfe einer linearen Gleichung.
a) Subtrahiert man von 12 das Doppelte einer Zahl, so erhält man 18.
b) Dividiert man die Summe aus einer Zahl und 12 durch 4, so erhält man 21.
c) Eva ist heute dreimal so alt wie ihre Tochter Petra und sechsmal so alt, wie Petra vor sechs Jahren war. Wer ist wie alt?

7 Löse die Ungleichung und stelle das Ergebnis auf dem Zahlenstrahl dar ($G_x = \mathbb{Q}$).

a) $3x - 2 \leq 7$

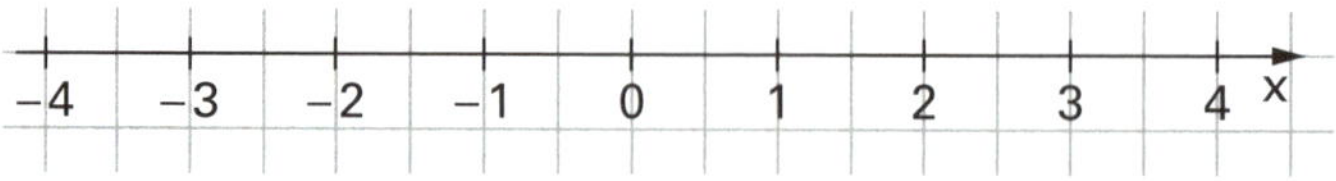

b) $-\frac{1}{2}x + 5 < \frac{23}{4}$

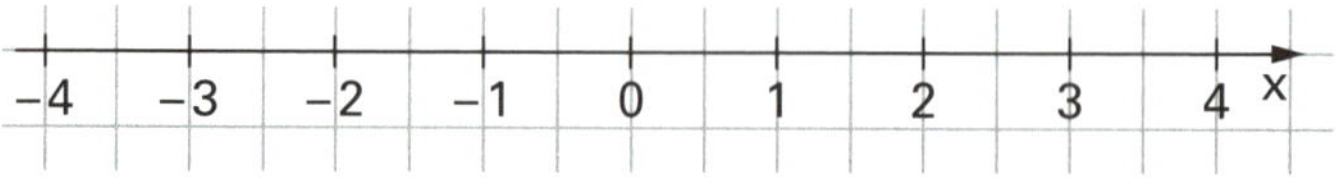

c) $-0{,}5 \cdot (6 - 3x) \geq -4{,}5$

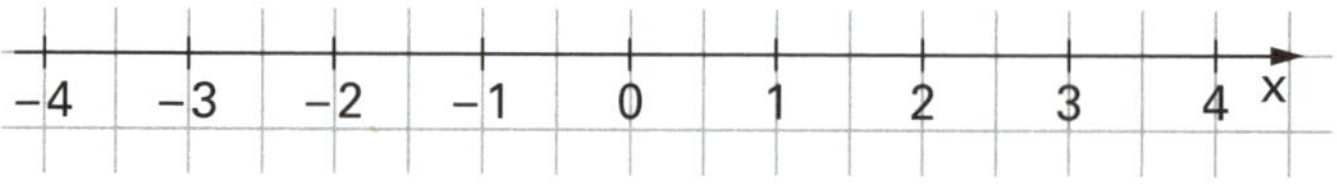

erreichte Punktzahl / 30

5 Lineare Funktionen und Zuordnungen

verstehen

Zuordnungen und Funktionen

Oft hängt eine Größe von einer anderen Größe ab, z. B. der Umfang eines Rechtecks von der Länge seiner Seiten. Eine solche Abhängigkeit nennt man eine **Zuordnung** $x \mapsto y$ (der Größe x wird die Größe y **zugeordnet**). Eine solche Zuordnung beschreibt, wie sich die Größe y in Abhängigkeit von der Größe x verändert. Zusammengehörende Werte von x und y gibt man als **geordnetes Zahlenpaar (x|y)** an. Hat man mehrere solcher geordneter Zahlenpaare, kann man sie in einer Wertetabelle zusammenfassen.

Beispiel 1: Dirk notiert bei einem Spaziergang die Zeit (x) und den zurückgelegten Weg (y) als **geordnete Wertepaare (x|y)**. Er legt eine **Wertetabelle** an:

x (min)	0	15	30	45	60	75
y (km)	0	2,2	3,3	4,8	6,2	7,0

und zeichnet dann diese **Grafik**:

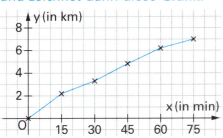
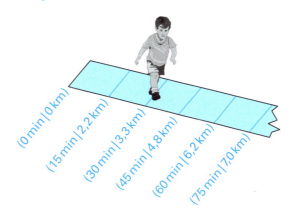

Wenn es sich bei der Zuordnung $x \mapsto y$ um eine **eindeutige Zuordnung** handelt, d. h. wenn jedem Element x aus der sogenannten **Definitionsmenge D** genau ein Element y der sogenannten **Wertemenge W** zugeordnet wird, dann nennt man die Zuordnung eine **Funktion**.
Funktionen können in Tabellenform, in Pfeildiagrammen und im Koordinatensystem dargestellt werden.

Beispiel 2: Gib an, ob es sich um eine Funktion handelt oder nicht.

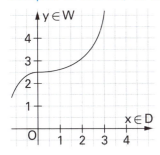
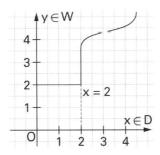
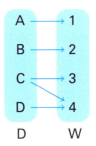

Funktion   keine Funktion   keine Funktion
(eindeutige Zuordnung)   (für x = 2 nicht eindeutig)   (für C nicht eindeutig)

Oft erfolgt bei Funktionen die Zuordnung nach einer bestimmten Gesetzmäßigkeit, nach der sich die y-Werte aus den x-Werten berechnen lassen. Man nennt das dann eine **Funktionsvorschrift** oder **Funktionsgleichung** und schreibt $y = f(x)$.

Beispiel 3: Wenn der y-Wert immer das Vierfache des x-Wertes ist, dann lautet die Funktionsgleichung $y = 4 \cdot x$, bzw. $f(x) = 4 \cdot x$.

43

5 Lineare Funktionen und Zuordnungen

Proportionale Zuordnungen

Wenn bei einer Zuordnung $x \mapsto y$ eine Verdopplung, Verdreifachung, Halbierung, ... von x immer auch eine Verdopplung, Verdreifachung, Halbierung, ... von y bedeutet, dann handelt es sich um eine **proportionale Zuordnung** („je mehr desto mehr"). Bildet man aus den Wertepaaren den Quotienten $\frac{y}{x}$, so ist er immer gleich. Die Wertepaare einer proportionalen Zuordnung sind also **quotientengleich**. Zu jeder proportionalen Zuordnung gibt es eine entsprechende Funktionsgleichung **y = m · x** mit $m = \frac{y}{x}$ (**Proportionalitäts-** oder **Steigungsfaktor**), deren grafische Darstellung im Koordinatensystem eine **Ursprungs-(Halb-)Gerade** (auch: Strahl) ist.

Beispiel 4: Axel bestimmt für Rohre vom Durchmesser d den Umfang U, indem er die Länge eines herumgelegten Fadens ausmisst:

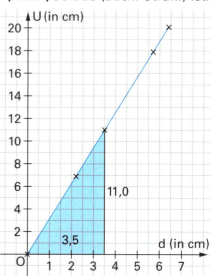

d (cm)	2,2	3,5	5,7	6,4
U (cm)	6,9	11,0	17,9	20,1
U/d	3,14	3,14	3,14	3,14

Die Wertetabelle zeigt auch die für eine **proportionale Zuordnung** $d \mapsto U$ typische Konstanz des Quotienten $\frac{U}{d} = 3{,}14$, entsprechend dem Seitenverhältnis im **Steigungsdreieck**: $\frac{U}{d} = \frac{11{,}0}{3{,}5} = 3{,}14$. Daher lautet die Zuordnungsvorschrift $U(d) = 3{,}14 \cdot d$.

Antiproportionale Zuordnungen

Wenn bei einer Zuordnung $x \mapsto y$ eine Verdopplung, Verdreifachung, Halbierung, ... von x eine Halbierung, Drittelung, Verdopplung, ... von y bewirkt, dann handelt es sich um eine **antiproportionale Zuordnung** („je mehr desto weniger").
Es gilt die **Produktgleichheit**, d.h. das Produkt $x \cdot y = c$ ist für jedes Wertepaar gleich. c nennt man den **Antiproportionalitätsfaktor**. Die entsprechende Funktionsgleichung heißt $y = \frac{c}{x}$. Sie hat eine Hyperbel als Graphen.

Beispiel 5: Für das Ausräumen und Putzen des Klassenzimmers benötigen 4 Schüler 90 min, 8 Schüler 40 min etc.
In Tabellenform:

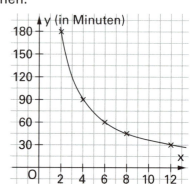

x (Anzahl Schüler)	2	4	6	8	12
y (Dauer in min)	180	90	60	45	30
x · y	360	360	360	360	360

Lineare Funktionen

Funktionen, bei denen die Zunahme der x-Werte um eine Einheit stets die gleiche Zu- oder Abnahme der y-Werte bewirkt, heißen **lineare Funktionen**. Sie haben die Funktionsgleichung (auch: „Geradengleichung") **y = m · x + b**. Jede lineare Funktion lässt sich im Koordinatensystem als Gerade veranschaulichen, wobei **m die Steigung** und **b den y-Achsenabschnitt** der Geraden beschreibt.

Für den Steigungsfaktor m gilt: $m = \frac{y_2 - y_1}{x_2 - x_1}$ für beliebige Punkte $P_1(x_1|y_1)$ und $P_2(x_2|y_2)$ auf der Geraden. Ist $m > 0$ steigt die Gerade, für $m < 0$ fällt sie.

Beispiel 6: Der Preis einer Taxifahrt setzt sich aus der Grundgebühr von 3,00 € und den Fahrtkosten von 1,50 € pro gefahrenem Kilometer zusammen:

x (km)	0	1	5	8	10
y (€)	3,00	4,50	10,50	15,00	18,00

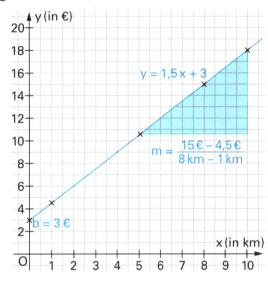

Während das Seitenverhältnis in einem beliebigen Steigungsdreieck auf die Steigung $m = 1{,}50 \frac{€}{km}$ führt, gibt der Schnittpunkt der Geraden mit der y-Achse den y-Achsenabschnitt b = 3 € an. Aus beidem folgt die Geradengleichung als lineare Funktion.

Achsenschnittpunkte einer Geraden

Für manche Fragestellungen ist es wichtig, die Schnittpunkte einer Geraden mit der x-, bzw. der y-Achse zu kennen. Anhand der Geradengleichung $y = -2x + 6$ wird im folgenden Beispiel deren Berechnung erläutert.

Beispiel 7: Bestimme die Koordinaten der Achsenschnittpunkte X und Y.

Weil **X** auf der x-Achse liegt, ist y = 0. Löse die Bestimmungsgleichung:

$0 = -2x + 6 \quad |+2x$
$\Leftrightarrow 2x = 6 \quad |:2$
$\Leftrightarrow x = 3$

Ergebnis: X(3|0)
x = 3 wird auch als **Nullstelle** der Funktion $y = -2x + 6$ bezeichnet.

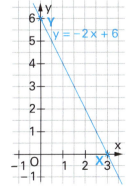

Weil **Y** auf der y-Achse liegt, ist x = 0. Löse die Bestimmungsgleichung:

$y = -2 \cdot 0 + 6 \Leftrightarrow y = 6$

Ergebnis: Y(0|6)
y = 6 ist der y-Achsenabschnitt der durch $y = -2x + 6$ beschriebenen Geraden.

5 Lineare Funktionen und Zuordnungen

Bestimmung von linearen Funktionsgleichungen

Um die Gleichung einer linearen Funktion zu bestimmen, braucht man zwei Angaben:
- Entweder einen beliebigen Punkt auf der Geraden und die Steigung m,
- oder zwei beliebige Punkte auf der Geraden.

Im ersten Fall musst du die Werte des Punktes und m in die Funktionsgleichung einsetzen und b ausrechnen.
Im zweiten Fall musst du zuerst die Steigung m berechnen und danach, wie beschrieben, b ausrechnen.

Beispiel 8: Gegeben sind ein Punkt und die Steigung. Welche Gerade verläuft mit der Steigung m = 4 durch den Punkt P(2|−1)?
y = 4·x + b   Einsetzen der Koordianten von P(2|−1) ergibt:
   −1 = 4·2 + b
⇔ b = −9;
Geradengleichung: y = 4x − 9.

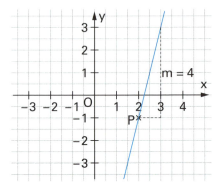

Beispiel 9: Gegeben sind zwei Punkte
Welche Gerade verläuft durch die beiden Punkte P$_1$(1|−5) und P$_2$(−5|−2)?
Mit der Steigung:
$m = \frac{y_2 - y_1}{x_2 - x_1} = \frac{-2 - (-5)}{-5 - 1} = \frac{3}{-6} = -0{,}5$ kannst du wie in Beispiel 8 weiter verfahren, und mit den Koordinaten von P$_1$ (oder von P$_2$) folgt durch einsetzen in y = −0,5·x + b:
   −5 = −0,5·1 + b
⇔ b = −4,5
Geradengleichung: y = −0,5·x − 4,5.

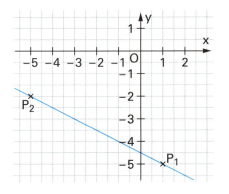

Manchmal sind die Informationen, die du zum Bestimmen der Funktionsgleichung brauchst, etwas „versteckt". So kann es z.B. heißen, dass die Gerade die du suchst, parallel zu einer anderen, bekannten Geraden verläuft. In diesem Fall bedeutet das, dass die beiden Geraden die gleiche Steigung haben.
Mache dir, vielleicht mithilfe einer Skizze, klar was die jeweilige Aussage bedeutet und bestimme dann wie in Beispiel 8 oder 9 die Funktionsgleichung.

Beispiel 10: Wie lautet die Funktionsgleichung der Geraden, die parallel zur Geraden aus Beispiel 9 verläuft und durch den Punkt Q(−2|3) geht?
Aufgrund der Parallelität gilt: m = −0,5.
Einsetzen in y = m·x + b liefert:
3 = −0,5·(−2) + b ⇔ 3 = 1 + b ⇔ 2 = b ⇒ y = −0,5x + 2

Test 1: Zuordnungen

üben

1 Ergänze die Leerstellen sinnvoll.

eindeutig erklärt ▪ Ursprung ▪ Gerade ▪ Funktion ▪ y = m x ▪
Funktionsvorschrift y = f(x) ▪ der Quotient $\frac{y}{x}$

a) Bei einer _____ wird die Funktionsvariable **y**

durch die Funktionsvariable **x** _____. Oftmals kann

y mithilfe einer _____ aus x berechnet

werden.

b) Wenn x und y proportional sind, dann ist _____ konstant

und die Zuordnung x ↦ y besitzt die Funktionsvorschrift _____.

Dem entspricht eine _____, die durch den _____

des Koordinatensystems verläuft.

2 Ergänze folgende Tabellen.

a) x und y sind proportional.

x	1		4	5
y		3	6	
$\frac{y}{x}$				

b) x und y sind antiproportional.

x	2	3		6
y		4	3	
x · y				

3 Gib die Funktionsgleichungen der beiden Zuordnungen aus Aufgabe 2 an und stelle jede Funktion im Heft in einem geeigneten Koordinatensystem dar.

a) _____   b) _____

4 a) Gib die Koordinaten der Punkte P und Q an.

P _____   Q _____

b) Bestimme die Steigungen der Geraden g und h.

m_g = _____ m_h = _____

c) Gib die Gleichungen der Geraden g und h an.

g: _____   h: _____

47

Test 2: Geraden und lineare Funktionen

üben

1 Durch $y = mx + b$ wird eine Gerade beschrieben, die den Punkt $P(x_p|y_p)$ enthält. Ergänze die fehlende Angabe.

	a)	b)	c)	d)
m	2,4	$-3\frac{1}{4}$		$1\frac{1}{3}$
b	−4,6	$5\frac{3}{8}$	−6,2	
x_p	3,5		3	$-\frac{3}{8}$
y_p		$4\frac{1}{2}$	7,9	$-2\frac{1}{2}$

2 Bestimme die Gleichungen der beiden Geraden g und h.

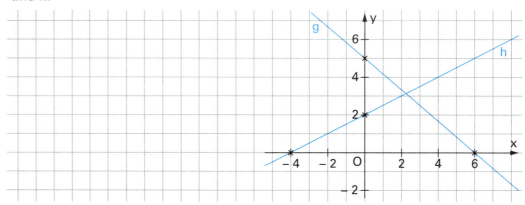

3 Ein Versorgungsunternehmen bietet Trinkwasser zu zwei Tarifen an:

T_1: Jahresgrundpreis 60€; Verbrauchspreis 1,60€ pro Kubikmeter Wasser

T_2: Jahresgrundpreis 75€; Verbrauchspreis 1,40€ pro Kubikmeter Wasser

a) Gib die beiden Tarifgleichungen für T_1 und T_2 an.
b) Familie Schneider bezog im letzten Jahr 85 m³ Wasser zum Tarif T_1. Wie hoch war die Jahresrechnung?
c) Die Jahresrechnung der Familie Hensch betrug 184,20€ im Tarif T_2. Wie hoch war der Wasserverbrauch?
d) Prüfe für beide Familien, ob sich eventuell ein Tarifwechsel lohnt.

Test 3: Lineare Funktionen bestimmen

üben

1 Eine Ursprungsgerade g verläuft durch den Punkt P(5|−12).
Welche Gerade h verläuft parallel zu g durch den Punkt Q$\left(\frac{5}{8}\big|-2\frac{3}{4}\right)$?

2 Welche Gerade h schneidet die Gerade g_1: y = 4x + 3 auf der y-Achse und die Gerade g_2: y = −4x + 8 auf der x-Achse?

3 Hängt man an eine Schraubenfeder die Masse x an, so wird die Feder dadurch verlängert und erreicht auf einer Skala die Position y.
Es wurde gemessen:

x (g)	100	200	300	400
y (cm)	6,6	8,7	10,6	12,5

a) Trage die Messpunkte in das Achsenkreuz ein und bestimme aus dieser Grafik die Länge y_0 der unbelasteten Feder.
b) Bestimme die zugehörige Geradengleichung aus den Messdaten.
c) Bestätige die in a) bestimmte Ruhelänge y_0 mithilfe der Geradengleichung.

49

Test 4: Aufgaben für Experten

1 Thomas behauptet: „Die Zinsen sind zur Höhe des Spargutbabens proportional!" Darauf erwidert Sandra: „Und ich dachte, sie wären zur Höhe des Zinssatzes proportional!" – Wer von beiden liegt richtig?

2 Die Punkte $P_1(2|4)$ und $P_2(3|6)$ liegen auf der Geraden g, die auch den Punkt $P_3(5|y_3)$ enthält. Bestimme die fehlende Koordinate y_3 allein mithilfe der Steigungsformel.

3 Bearbeite im Heft.
a) Zeige: Sind von einer Geraden die Achsenschnittpunkte $X(x_s|0)$ und $Y(0|y_s)$ bekannt, so kann man diese Gerade sofort in der sogenannten **Achsenabschnittsform** $\frac{x}{x_s} + \frac{y}{y_s} = 1$ notieren.
b) Eine Gerade hat die Achsenschnittpunkt $X(3|0)$ und $Y(0|8)$.
   Gib ihre Achsenabschnittsform an und leite hieraus eine Gleichung der Form $y = mx + b$ her.
c) Wandle die Geradengleichung $y = -4x + 3$ in die Achsenabschnittsform um und lies hieraus die Achsenschnittpunkte ab.

4 Ein zum Prozentsatz p% angelegtes Guthaben K führt auf Jahreszinsen von $Z = \frac{p}{100} \cdot K$.

a) Stelle die Zinsverläufe für $p\% \in \{2\%; 4\%; 5\%\}$ grafisch dar.

b) Stelle die Zinsverläufe für $K \in \{500\,€; 1000\,€; 1600\,€\}$ grafisch dar.

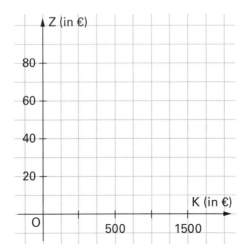
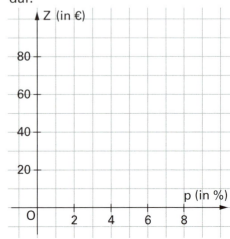

Klassenarbeit Nr. 5   60 min

1 Ergänze die Leerstellen sinnvoll.

lineare ▪ Funktionsvorschrift ▪ proportionale ▪ $\frac{y}{x} = \frac{y_0}{x_0} \Leftrightarrow y = \frac{y_0}{x_0} \cdot x$ ▪
$x \cdot y = x_0 \cdot y_0 \Leftrightarrow y = \frac{x_0 \cdot y_0}{x}$ ▪ Produkt $x \cdot y$ ▪ $y = \frac{c}{x}$ ▪ Hyperbel

a) Eine _____ Zuordnung besitzt eine _____

der Form $y = mx + b$. Speziell für $b = 0$ liegt eine _____

Zuordnung vor.

b) Falls die Zuordnung $x \mapsto y$, die von dem Wertepaar $(x_0 | y_0)$ erfüllt wird,

proportional ist, dann gilt die Funktionsgleichung _____.

Ist sie hingegen antiproportional, so gilt die Funktionsgleichung

_____.

c) Wenn x und y antiproportional sind, dann ist _____

konstant und die Zuordnung $x \mapsto y$ besitzt die Funktionsvorschrift

_____. Dem entspricht eine _____.

2 Ergänze, wenn x und y
a) proportional,

x	3	4	6	9	18	24
y			18			

b) antiproportional sind.

x	1	3	7	9	12	18
y		7				

c) Gib für a) und b) jeweils die Zuordnungsvorschrift an.

Klassenarbeit Nr. 5

3 Entscheide, ob es sich bei der dargestellten Zuordnung um eine Funktion handelt.

a)
Name	Max	Anna	Felix	Hanna
Note	2	1	3	2

☐ Funktion
☐ keine Funktion

b) Radius eines Kreises ↦ Flächeninhalt des Kreises

☐ Funktion
☐ keine Funktion

c)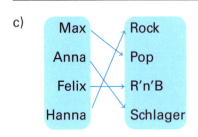

☐ Funktion
☐ keine Funktion

d)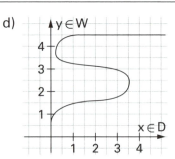

☐ Funktion
☐ keine Funktion

4 Stelle die Geraden in dem Koordinatensystem dar und gib die jeweiligen Achsenschnittpunkte an.

a) g_a: $y = -2x + 5$

X(___ |0)   Y(0| ___)

b) g_b: $y = 3x - 6$

X(___ |0)   Y(0| ___)

c) g_c: $y = -\frac{2}{3}x + 4$

X(___ |0)   Y(0| ___)

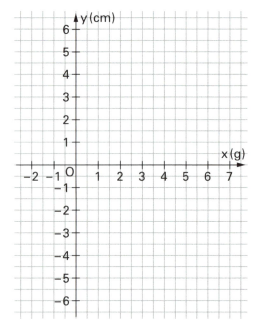

können

5 Gib die Gleichungen der Funktionen an.
a) Eine Ursprungsgerade geht durch P(2,5|7,5).
b) Die Gerade hat die Steigung $m = -\frac{3}{4}$ und geht durch den Punkt P(6|−3,5).
c) Die Gerade verläuft parallel zur Geraden aus a) und hat den y-Achsenabschnitt 3.
d) Die Gerade geht durch die Punkte A(−2|2) und B(2|0).

/4

6 Guido unternimmt eine Radtour, die durch das nebenstehende Weg(y)-Zeit(x)-Diagramm beschrieben wird.
a) Gib für geeignete Zeitintervalle die jeweils passende Weg-Zeit-Funktion an.
b) Udo startet gleichzeitig mit Guido, fährt die Strecke aber gleichmäßig und ohne Pause durch. Beide kommen gleichzeitig an.
Gib Udos Weg-Zeit-Gesetz an und trage auch seine Tour in das Diagramm ein.
Wann und wo überholt Udo seinen Freund?

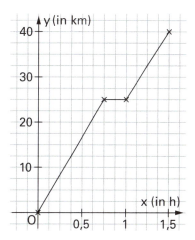

/6

erreichte Punktzahl

/ 30

6 Winkel und Winkelgesetze

Winkel zeichnen und messen

Winkel zeichnet und misst man mit dem Geodreieck. Einen Winkel mit bestimmter Größe zeichnet man, indem man zuerst einen der beiden **Schenkel** (z. B. **s₁**), zeichnet. Anschließend legt man den „Nullpunkt" des Geodreiecks in den Scheitelpunkt und misst entweder mit der inneren (wie in der Abbildung rechts) oder der äußeren Skala (Geodreieck liegt von oben an s₁ an) den Winkel ab und zeichnet den zweiten Schenkel s₂ durch den Scheitelpunkt. Winkel können auf eine der drei angegebenen Arten bezeichnet werden. Die häufigste, weil kürzeste **Bezeichnungsweise** besteht in der Verwendung griechischer Kleinbuchstaben α, β, γ, δ, ε.

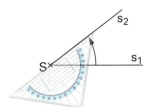
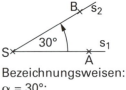

Bezeichnungsweisen:
α = 30°;
∢ (s₁, s₂) = 30°
oder ∢ (ASB) = 30°

Achtung: Bei der zweiten und dritten Bezeichnungsweise musst du den mathematischen Drehsinn (Pfeilrichtung) beachten, sonst erhältst du den Außenwinkel!
∢ (s₂, s₁) = ∢ (BSA) = 360° − 30° = 330°.

Merke dir die folgenden **Winkelarten**:

Nullwinkel: α = 0°   **spitzer Winkel:** 0° < α < 90°
rechter Winkel: α = 90°   **stumpfer Winkel:** 90° < α < 180°
gestreckter Winkel: α = 180°   **überstumpfer Winkel:** 180° < α < 360°
Vollwinkel: α = 360°

Winkel übertragen, verdoppeln und halbieren

Der Winkel α soll von Zeichnung 1 auf Zeichnung 2 **übertragen** werden.

① Mit dem Kreisbogen um S bzw. um S′ wird die Strecke $\overline{AS}$ auf die gleichlange Strecke $\overline{A'S'}$ übertragen.

② Mit dem Kreisbogen um A bzw. um A′ wird der Punkt B′ mit den Abständen $\overline{B'A'} = \overline{BA}$ und $\overline{B'S'} = \overline{BS}$ bestimmt. Der Schenkel verläuft von S′ durch B′.

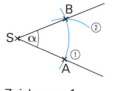
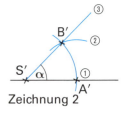

Zeichnung 1   Zeichnung 2

Um den Winkel α zu **verdoppeln**, werden

① mit dem Kreisbogen um S die Punkte A und B festgelegt.

② Der Kreisbogen um B legt den Punkt C mit den Abständen $\overline{CB} = \overline{AB}$ und $\overline{CS} = \overline{AS}$ fest.

③ Der Schenkel s₃ verläuft von S aus durch C.

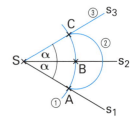

Um den Winkel α zu **halbieren**, werden

① mit dem Kreisbogen um S die Punkte A und B festgelegt, sodass die Abstandsgleichung $\overline{AS} = \overline{BS}$ gilt.

② Um A und B werden mit gleichem Radius zwei Kreisbögen gezeichnet, die sich im Punkt C schneiden.

③ Der Schenkel s₃ verläuft von S durch C.

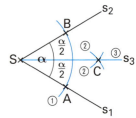

54

Winkel an einer einfachen Geradenkreuzung

Wenn sich zwei Geraden g₁ und g₂ kreuzen, dann bilden sie die vier Winkel α, β, γ und δ, die zusammen stets den Vollwinkel ergeben.
An einer Einfachkreuzung zweier Geraden gilt also stets
α + β + γ + δ = 360°.
Haben zwei Winkel an einer Geradenkreuzung einen gemeinsamen Schenkel, dann nennt man sie **Nebenwinkel** (z. B. α und β oder δ und α), sich gegenüberliegende Winkel heißen **Scheitelwinkel** (z. B. α und γ oder β und δ).
– **Nebenwinkel** ergeben zusammen stets 180°,
   d. h.: α + β = β + γ = γ + δ = δ + α = 180°.
– **Scheitelwinkel** sind stets gleich groß, d. h. α = γ und β = δ.

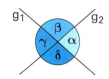

Winkel an einer doppelten Geradenkreuzung

Werden die beiden Geraden g₁ und g₂ von einer dritten Geraden h geschnitten, so entsteht eine **Doppelkreuzung**, und jeder Winkel an der einen Kreuzung kann nun mit jedem Winkel an der anderen Kreuzung bezüglich ihrer Lagen zur Geraden h und bezüglich ihrer Lagen zu den Geraden g₁ und g₂ verglichen werden.
Liegen beide Winkel auf derselben Seite von h und auf sich entsprechenden Seiten von g₁ und g₂, so heißen sie **Stufenwinkel** (auch: **F-Winkel**),
z. B. α₁ und α₂ oder δ₁ und δ₂.
Die geschnittenen Geraden g₁ und g₂ sind genau dann parallel, wenn die Stufenwinkel gleich groß sind.
Dann gilt: α₁ = α₂, β₁ = β₂, γ₁ = γ₂ und δ₁ = δ₂.

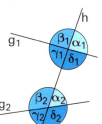

Liegen beide Winkel auf verschiedenen Seiten von h und auf sich nicht entsprechenden Seiten von g₁ und g₂, so heißen sie **Wechselwinkel** (auch: **Z-Winkel**),
z. B. α₁ und γ₂ oder δ₁ und β₂.
Die geschnittenen Geraden g₁ und g₂ sind genau dann parallel, wenn die Wechselwinkel gleich groß sind.
Dann gilt: α₁ = γ₂, β₁ = δ₂, γ₁ = α₂ und δ₁ = β₂

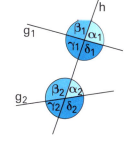

Liegen beide Winkel auf derselben Seite von h und auf sich nicht entsprechenden Seiten von g₁ und g₂, so heißen sie **Nachbarwinkel**, z. B. α₁ und δ₂ oder δ₁ und α₂.
Die geschnittenen Geraden g₁ und g₂ sind genau dann parallel, wenn sich die Nachbarwinkel zu 180° ergänzen,
also: α₁ + δ₂ = β₁ + γ₂ = γ₁ + β₂ = δ₁ + α₂ = 180°.

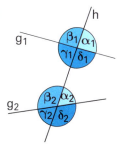

6 Winkel und Winkelgesetze

Winkel an Dreiecken

Die von den Dreieckseiten a, b und c eingeschlossenen Winkel α, β und γ liegen innerhalb des Dreiecks und heißen **Innenwinkel**.

Innenwinkelsummensatz: In jedem Dreieck beträgt die Summe der Innenwinkel stets 180°, also: α + β + γ = 180°.

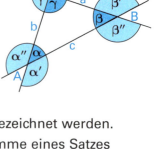

Jeder der drei Innenwinkel (z. B. α) besitzt zwei gleich große Nebenwinkel (z. B. α′ und α″), die als **Außenwinkel** bezeichnet werden.

Außenwinkelsummensatz: In jedem Dreieck beträgt die Summe eines Satzes von Außenwinkeln stets 360°, also: α′ + β′ + γ′ = 360° und α″ + β″ + γ″ = 360°.

Folgende Arten von Dreiecken sind wichtig und lassen sich mithilfe der Innenwinkel beschreiben:

1. Bei **rechtwinkligen Dreiecken** ist einer der Innenwinkel ein rechter Winkel.
2. Bei **gleichseitigen Dreiecken** sind alle Innenwinkel gleich groß, nämlich 60°.
3. Bei **gleichschenkligen Dreiecken** sind zwei der Innenwinkel, die **Basiswinkel**, gleich groß.

Winkel und Kreise

Die beiden Punkte A und B legen auf dem Kreis den **Bogen b** fest und werden durch die **Sehne s** verbunden. Während die beiden Radien MA und MB den zu b gehörenden **Mittelpunktswinkel** α (auch: **Zentriwinkel**) einschließen, liegen bei den Peripheriepunkten P_1, P_2, P_3, ... die zugehörenden **Umfangswinkel** $β_1$, $β_2$, $β_3$, ... (auch: **Peripheriewinkel**).

Die durch B verlaufende Tangente t steht senkrecht auf MB und bildet mit s den **Sehnentangentenwinkel** γ.

Umfangswinkelsatz: Über einem Kreisbogen b sind alle Umfangswinkel gleich groß: $β_1 = β_2 = β_3$

Mittelpunktswinkelsatz: Über einem Kreisbogen b ist der Mittelpunktswinkel stets doppelt so groß, wie ein Umfangswinkel: $α = 2β_1 = 2β_2 = 2β_3 = ...$

Der Mittelpunktswinkelsatz führt für den speziellen Fall eines gestreckten Mittelpunktswinkels (α = 180°) direkt auf den wichtigen

Satz des Thales: Über einem Kreisdurchmesser beträgt ein Umfangswinkel stets 90°.

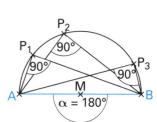

Sehnentangentenwinkelsatz: Ein Sehnentangentenwinkel ist stets gleich groß wie ein Umfangswinkel auf der anderen Seite der Sehne:

$γ = β_1 = β_2 = β_3 = ...$

Test 1: Winkel zeichnen und messen

üben

1 Fülle die Leerstellen sinnvoll aus:

a) Der Winkel α = 73° ist ein ___spitzer Winkel___.

b) Der Winkel β = 90° wird als ___rechter Winkel___ bezeichnet.

c) Ein stumpfer Winkel liegt zwischen ___90°___ und ___180°___.

d) Das Doppelte eines stumpfen Winkels ist ein ___überstumpfer Winkel___.

2 Verdopple den abgebildeten Winkel β. Gib die Winkelmaße von β und 2β an und ordne beiden Winkeln die richtige Winkelsorte zu.

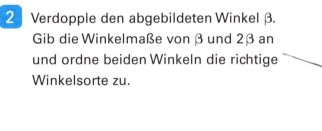

3 Halbiere den abgebildeten Winkel γ. Gib die Winkelmaße γ und $\frac{\gamma}{2}$ an und ordne beiden Winkeln die richtige Winkelsorte zu.

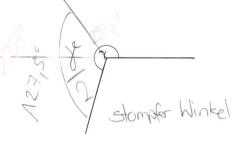

4 a) Trage zunächst die Punkte A(1|0), B(8|3) und C(4|7) in das Koordinatenkreuz ein, und bestimme anschließend die Maße der drei Winkel ∠(ABC), ∠(BCA) und ∠(CAB).

α = 44° β = 70°
γ = 70°

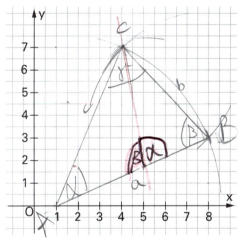

b) Welche Eigenschaft hat das Dreieck? Bestätige diese Eigenschaft mit dem Zirkel.

___Gleichschenklig___
___Gleichwinklig___

c) Sandra sagt: „Jetzt benötige ich nur noch einen weiteren Kreisbogen und zwei Geraden, um den Winkel ∠(CAB) zu halbieren!" Überprüfe diese Behauptung.

___Nein, man benötigt keinen Kreisbogen mehr___

Test 2: Winkel an Geradenkreuzungen

1 Führe die Rechnungen im Heft (oder Kopf) durch und gib alle Winkelgrößen an.

a)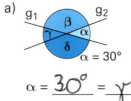
$\alpha = 30°$
$\alpha = \underline{30°} = \gamma$
$\beta = \underline{60°} = \delta$
Ups! 150°

b)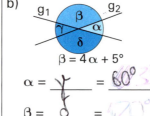
$\beta = 4\alpha + 5°$
$\alpha = \underline{\quad} = \underline{60°}$
$\beta = \underline{\quad} = \underline{120°}$

c)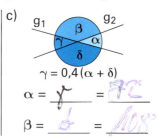
$\gamma = 0{,}4(\alpha + \delta)$
$\alpha = \underline{\quad} = \underline{72°}$
$\beta = \underline{\quad} = \underline{108°}$

2 Zwei Geraden g_1 und g_2 werden von einer dritten Geraden h geschnitten. Dann gilt: Sind die Stufenwinkel γ_1 und γ_2 gleich groß, dann verlaufen g_1 und g_2 __parallel__. Sind g_1 und g_2 nicht parallel, so sind die Wechselwinkel β_1 und δ_2 __gleich groß__ (verschieden). Der Nachbarwinkel ist der __Wechselwinkel__ (Nebenwinkel) des Stufenwinkels. Der Wechselwinkel ist der Scheitelwinkel des __Stufenwinkels__.

3 g und k verlaufen parallel. Ergänze die Bezeichnung und berechne die Winkel.

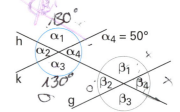

a) β_1 ist __der Stufenwinkel__ zu α_1.
$\alpha_1 = \underline{\quad}$; $\beta_1 = \underline{\quad}$

b) β_4 ist __der Wechsel__ winkel zu α_2. $\alpha_2 = \underline{50°}$; $\beta_4 = \underline{50°}$

c) α_3 ist __Wechsel__ winkel zu β_2. $\alpha_3 = \underline{130°}$; $\beta_2 = \underline{50°}$

4 Gib alle fehlenden Winkelmaße an.

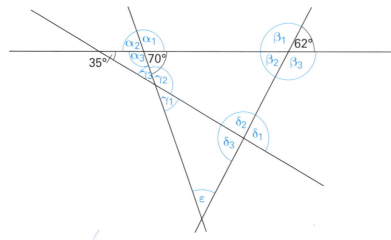

$\alpha_1: \underline{110°}$ $\beta_1: \underline{118°}$ $\gamma_1: \underline{35°}$ $\delta_1: \underline{90°}$ $\varepsilon: \underline{55°}$

$\alpha_2: \underline{70°}$ $\beta_2: \underline{62°}$ $\gamma_2: \underline{145°}$ $\delta_2: \underline{90°}$

$\alpha_3: \underline{110°}$ $\beta_3: \underline{118°}$ $\gamma_3: \underline{35°}$ $\delta_3: \underline{90°}$

Test 3: Winkel an Dreiecken und Kreisen

üben

1 Bestimme alle fehlenden Innenwinkelmaße und stelle fest, ob eine besondere Form des Dreiecks vorliegt.

a) α = 37°; β = 106°   γ = 37° / gleichschenklig / stumpfwinklig

b) β = 17°; γ = 73°   α = 90° / rechtwinkliges Dreieck

c) α = β = γ

d) β = 2α; γ = 3,5β

2 In der Abbildung verläuft die Gerade c* parallel zur Dreiecksseite c.

a) Drücke die Winkel δ und ε mithilfe der Innenwinkel aus:

   δ = Nebenwinkel zu ε

   ε = Nebenwinkel zu δ

b) Zeige die Allgemeingültigkeit des Innenwinkelsummensatzes (→ Seite 56) für Dreiecke.

c) Zeige zunächst, dass ein Außenwinkel der Summe der nicht anliegenden Innenwinkel entspricht. Zeige dann die Allgemeingültigkeit des Außenwinkelsummensatzes (→ Seite 56) für Dreiecke.

Test 3: Winkel an Dreiecken und Kreisen

3 a) Zeichne einen Kreis um den Mittelpunkt M(4|4), auf dessen Rand der Punkt A(4|1) liegt. Die Sehne s verläuft von A nach B(7|y).
Der Mittelpunktswinkel zu s beträgt

α = _____

b) Bestimme die fehlenden Koordinaten so, dass folgende Punkte auf dem Kreisrand liegen.

P (x < 4 | 5)   x = _____

Q (3 | y > 4)   y = _____

R (x > 4 | 6)   x = _____

Miss die zugehörenden Umfangswinkel aus.

P: β = _____   Q: γ = _____   R: δ = _____

c) Vergleiche die Messergebnisse der Teilaufgaben a) und b) und notiere einen Ergebnissatz.

_____

_____

_____

_____

_____

4 Lege auf dem Kreisrand drei beliebige Punkte A, B und C fest und verbinde sie zu einem Dreieck. Zeichne die Kreistangente durch B und trage die beiden Sehnentangentenwinkel δ und ε ein. Zeige, dass sich auch aus dieser Situation der Innenwinkelsummensatz für Dreiecke beweisen lässt.

_____

_____

_____

_____

Test 4: Aufgaben für Experten

üben

1. Eine Autobahnbrücke hat die abgebildete Trägerkonstruktion.

   a) Gib für jeden der Winkel α, β und δ jeweils vier weitere Positionen in der Konstruktion an, an denen Winkel gleicher Größe auftreten und begründe das.

   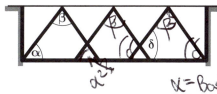

   α = Basiswinkel
   β = Winkel an der Spitze
   δ = Basiswinkel

   b) Berechne die Größen der Winkel β und δ, falls der Winkel α = 42° bekannt ist. α=42° β=94° δ=42°

2. a) Berechne zunächst die fehlenden Winkel, dann die Summe aller Innenwinkel.

   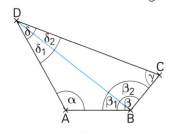

α	β	γ	δ	β₁	β₂	δ₁	δ₂
120°	130°	70°	40°	45°	85°	15°	25°

   b) Notiere und beweise den Innenwinkelsummensatz für Vierecke.   360°   α+β+γ+δ

3. In der Abbildung haben die Punkte A und C den gleichen Abstand von B.

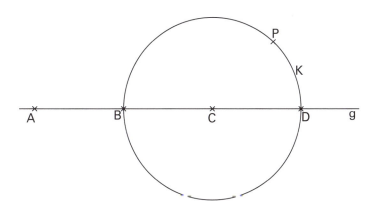

   a) Konstruiere einen rechten Winkel zu dem gegebenen Scheitelpunkt P.
   b) Die Verlängerung von P über C hinaus schneidet den Kreis K im Punkt Q. Konstruiere einen weiteren rechten Winkel zum Scheitelpunkt Q.
   c) Weise nach, dass das Viereck BPDQ ein Rechteck ist.
   d) Vom Punkt A aus verläuft die Tangente t, die den Kreis K oberhalb von g im Punkt T berührt. Bestimme den Tangentialpunkt T.

61

Klassenarbeit Nr. 6   45 min

1 Zeichne

a) α = <(s₁, s₂) = 40° und verdopple ihn mit dem Zirkel.

b) β = <(s₁, s₂) = 230° und halbiere ihn mit dem Zirkel.

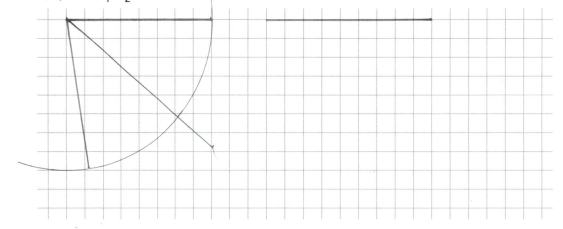

c) ... und beantworte: 2α ist ein _____ Winkel.

$\frac{\beta}{2}$ ist ein _____ Winkel. Ein rechter Winkel hat _____ und

ein überstumpfer mehr als _____.

2 Trage die Winkel β, γ und δ in allen möglichen Positionen ein, wenn gilt:

β ist Nebenwinkel von α.
γ ist Stufenwinkel von α.
δ ist Wechselwinkel von α.

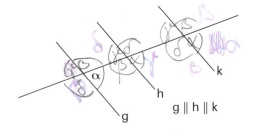

g ∥ h ∥ k

3 Berechne die fehlenden Winkelmaße.

a) α = 130°

β = 15°

γ = 130°

δ = 35°

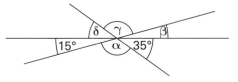

b) α = 40°

β = 28°

γ = 40°

δ = 40°

ε = 40°

φ = 68°

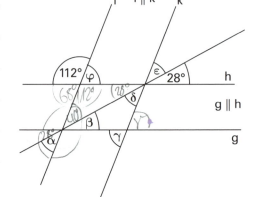

i ∥ k

g ∥ h

können

4 Begründe, dass...

a) g und h nicht parallel sind.

  sonst wären beide Winkel (33° u. 35°) gleich groß.

b) g und h parallel sind.

  Weil beide Winkel 30° groß sind.

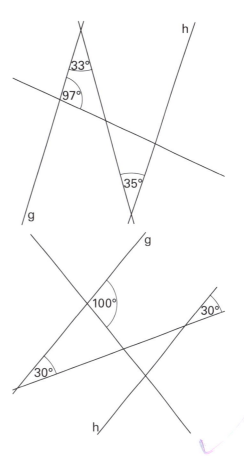

5 Beweise mithilfe einer geeigneten Skizze, dass in einem Trapez immer zwei Winkel zusammen 180° ergeben.

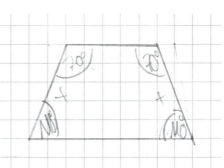

6 Wie groß ist α? Begründe deine Lösung!

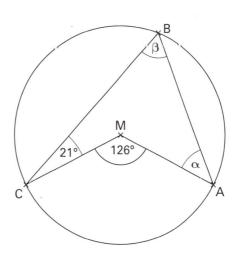

6/6

4/4

/6

erreichte Punktzahl

/ 30

7 Eigenschaften von Drei- und Vierecken

Grundlegende Konstruktionen

Zur weitergehenden Behandlung von Dreiecken werden einige grundlegende Konstruktionsverfahren benötigt. Neben den bereits auf Seite 54 dargestellten Verfahren zur **Halbierung** und **Verdopplung eines Winkels** hier nun einige weitere Grundkonstruktionen.

Die **Mittelsenkrechte** auf der Strecke AB:
① Zeichne um die Streckenendpunkte A und B zwei Kreisbögen mit dem gleichen Radius r.
② Sie schneiden sich in den Punkten P und Q, durch die die **Mittelsenkrechte m** festgelegt wird. m schneidet die Strecke $\overline{AB}$ im **Mittelpunkt M** und es gilt: $\overline{AM} = \overline{MB}$.

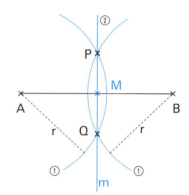

Die **Lotgerade** zur Geraden g durch den Punkt P (P liegt auf g oder nicht auf g):
① Zeichne um P einen Kreisbogen, der g in A und B schneidet.
② Zeichne Kreisbögen um A und B mit dem gleichen Radius r,
③ sie schneiden sich im Punkt Q, der zusammen mit P die **Lotgerade ℓ** festlegt.

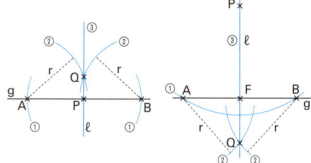

Den Punkt P in der linken bzw. F in der rechten Zeichnung nennt man **Lotfußpunkt**.

Ein Lot muss man beispielsweise fällen, wenn man die Höhe in einem Dreieck (Viereck) konstruieren möchte.

Die **Parallele** zur Geraden g durch den Punkt P:
① Der Kreisbogen um P schneidet die Gerade g im Punkt A,
② der Kreisbogen mit demselben Radius um A schneidet g im Punkt B und
③ der Kreisbogen mit demselben Radius um B schneidet den Kreisbogen um P (aus ①) im Punkt Q.

P und Q legen die **Parallele h** zu g fest.
Das ist deshalb so, weil das Viereck ABQP eine Raute ist.

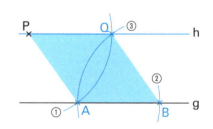

Besondere Linien und Punkte im Dreieck

Verbindet man die Eckpunkte A, B und C eines Dreiecks mit den Mittelpunkten der jeweils gegenüberliegenden Seite M_a, M_b und M_c, so erhält man die **Seitenhalbierenden** s_a, s_b und s_c des Dreiecks. Die drei Seitenhalbierenden eines Dreiecks schneiden sich immer in einem Punkt, dem **Schwerpunkt S** des Dreiecks. S teilt die Seitenhalbierenden im Verhältnis 2:1.

Errichtet man auf den Dreiecksseiten a, b und c die **Mittelsenkrechten** m_a, m_b und m_c, so treffen sich diese drei Lotgeraden in einem gemeinsamen Schnittpunkt **M**, der von allen drei Eckpunkten gleich weit entfernt ist. Es gilt: $\overline{AM} = \overline{BM} = \overline{CM}$. Daher ist M der **Mittelpunkt des Umkreises** durch die Eckpunkte A, B und C.

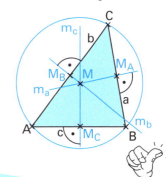

Der Schnittpunkt der Mittelsenkrechten M liegt
- bei spitzwinkligen Dreiecken innerhalb des Dreiecks.
- bei rechtwinkligen Dreiecken auf der längsten Dreieckseite (der Hypotenuse).
- bei stumpfwinkligen Dreiecken außerhalb des Dreiecks.

Wie man die hier benötigten Mittelpunkte, Mittelsenkrechten, Höhen und Winkelhalbierenden konstruiert, findest du auf den → Seiten 54 und 64.

Konstruiert man in einem Dreieck die drei **Winkelhalbierenden** w_α, w_β und w_γ, die durch den jeweiligen Eckpunkt laufen und den Winkel halbieren, so erhält man den gemeinsamen Schnittpunkt **W**. W ist der **Mittelpunkt des Inkreises**. Der Radius des Inkreises ist der Abstand von W zu den Dreiecksseiten.

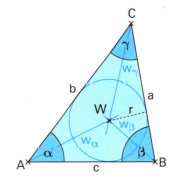

Fällt man von den Eckpunkten A, B und C das Lot auf die gegenüberliegenden Seiten (a, b und c), so erhält man die **Höhen** h_a, h_b und h_c, sowie die entsprechenden Höhenfußpunkte F_a etc. Die drei Höhen schneiden sich stets im **Höhenschnittpunkt H**.
In stumpfwinkligen Dreiecken verlaufen zwei der drei Höhen außerhalb des Dreiecks.

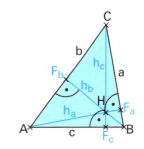

65

7 Eigenschaften von Drei- und Vierecken

Vierecke in der Ebene

Liegen von den **vier Punkten A, B, C und D einer Ebene** keine drei Punkte auf einer Geraden, so können sie als **Eckpunkte eines Vierecks** aufgefasst werden, das durch die **Viereckseiten** a = $\overline{AB}$, b = $\overline{BC}$, c = $\overline{CD}$ und d = $\overline{DA}$ vervollständigt wird. Je nach Lage der **Diagonalen** e = $\overline{AC}$ und f = $\overline{BD}$ zum Viereck unterscheidet man:

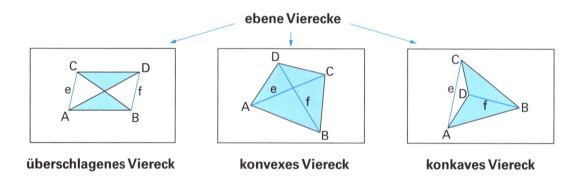

überschlagenes Viereck   konvexes Viereck   konkaves Viereck

In diesem Kapitel sollen nur die konvexen Vierecke, also diejenigen Vierecke, die von beiden Diagonalen durchquert werden, näher betrachtet werden.

Die hierarchische Ordnung konvexer Vierecke

Die nebenstehende Abbildung ordnet die verschiedenen Arten konvexer Vierecke so an, dass von oben nach unten die Regelmäßigkeit (Symmetrie) der Figuren zunimmt. Gleichzeitig zeigen die Pfeile an, welche Vierecke durch Spezialisierung aus einem übergeordneten, allgemeineren Vierecken gewonnen werden können. Dieses Ordnungsschema erlaubt es, jedes Viereck durch Angabe seines Stammvierecks und die Art der Spezialisierung zu definieren.

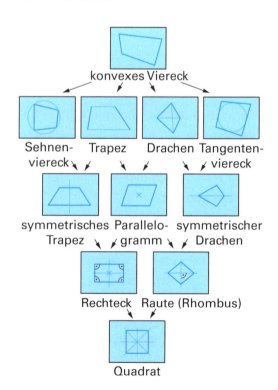

Beispiel 1:
1. Ein Quadrat ist ein Rechteck mit vier gleichlangen Seiten – oder:
2. Ein Quadrat ist eine Raute mit vier rechten Innenwinkeln.

Spezielle Vierecke und ihre Eigenschaften

In jedem Viereck beträgt die **Summe der vier Innenwinkel stets 360°** und der **Umfang ergibt sich zu u = a + b + c + d**. Darüber hinaus werden nachfolgend diejenigen Eigenschaften aufgeführt, die nur dem jeweiligen Vierecktyp eigen sind.

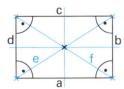

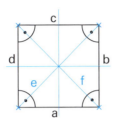

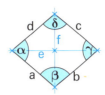

Das **Rechteck** hat vier rechte Innenwinkel und zwei Paare paralleler, gleich langer Seiten.
A = a · b
u = 2 · (a + b)
Die Diagonalen halbieren sich.

Zwei Symmetrieachsen

Das **Quadrat** hat vier gleich lange Seiten und vier rechte Innenwinkel.

$A = a^2 = \frac{1}{2} e \cdot f$
u = 4 · a
Die Diagonalen halbieren sich und stehen rechtwinklig aufeinander.
Vier Symmetrieachsen.

Die **Raute** hat vier gleich lange Seiten und je zwei gegenüberliegende Winkel sind gleich groß.
$A = a \cdot h = \frac{1}{2} e \cdot f$
u = 4 · a
Die Diagonalen halbieren sich und schneiden sich rechtwinklig.

Zwei Symmetrieachsen.

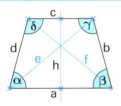

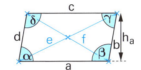

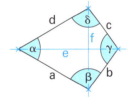

Im **Trapez** ist ein Paar gegenüberliegender Seiten parallel.
$A = \frac{(a + c)}{2} \cdot h$
Summe der Nachbarwinkel
α + δ = β + γ = 180°
Im **symmetrischen Trapez** ist die Mittelsenkrechte der parallelen Seiten Symmetrieachse.

Das **Parallelogramm** hat zwei Paare paralleler und gleich langer Seiten
(⇒ a = c, b = d; α = γ, β = δ).
$A = a \cdot h_a = b \cdot h_b$
u = 2 · (a + b)
Die Diagonalen halbieren sich gegenseitig.

In einem **Drachen** wird eine Diagonale durch die andere halbiert.
Im **symmetrischen Drachen** ist die halbierende Diagonale auch Symmetrieachse
(⇒ a = d, b = c und β = δ).
$A = \frac{1}{2} e \cdot f$
u = 2 · (a + b)

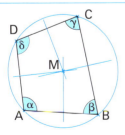

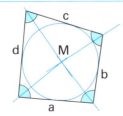

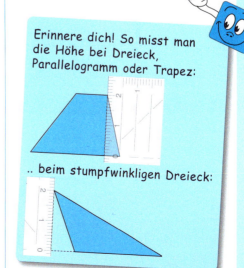

Ein **Sehnenviereck** besitzt einen Umkreis, auf dem die vier Eckpunkte liegen.
Die vier Mittelsenkrechten schneiden sich im Mittelpunkt des Umkreises.
Gegenüberliegende Winkel ergänzen sich zu 180°, also α + γ = 180° und β + δ = 180°.

Ein **Tangentenviereck** besitzt einen Inkreis, der von den vier Seiten berührt wird.
Die vier Winkelhalbierenden schneiden sich im Mittelpunkt des Inkreises.
Die Summe der Längen gegenüberliegender Seiten ist gleich, also a + c = b + d.

Erinnere dich! So misst man die Höhe bei Dreieck, Parallelogramm oder Trapez:

.. beim stumpfwinkligen Dreieck:

67

Test 1: Lot, Seitenhalbierende, Höhe

üben

1 a) Konstruiere die zu g lotrechte Gerade ℓ durch P.
   b) Bestimme ein rechtwinklig-gleichschenkliges Dreieck, dessen einer Schenkel dem Abstand des Punktes P von der Geraden g entspricht.
   c) Bestimme ein weiteres rechtwinklig-gleichschenkliges Dreieck, dessen Flächeninhalt doppelt so groß ist wie der des Dreiecks aus Teilaufgabe b). Beschreibe stets alle wichtigen Konstruktionsschritte im Heft.

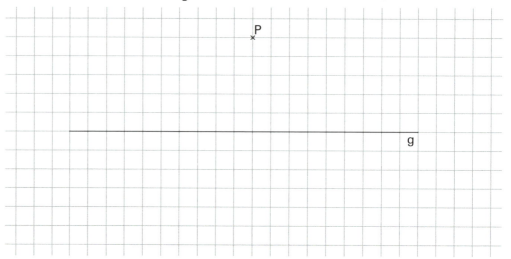

2 a) Konstruiere im linken Dreieck den Schwerpunkt S.
   b) Konstruiere im rechten Dreieck den Höhenschnittpunkt H.

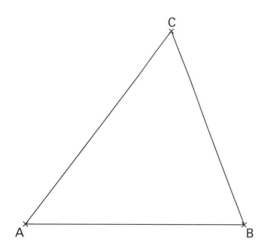
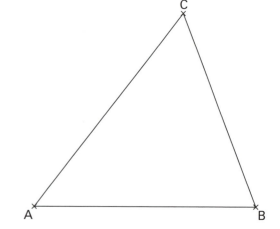

Test 2: Mittelsenkrechte, Winkelhalbierende

üben

1 In den Punkten A(1|3), B(6|2) und C(2|7) liegen die Gemeinden A-Dorf, B-Dorf und C-Dorf, die einige kommunale Projekte gemeinsam durchführen und finanzieren wollen.

a) Die drei Gemeinden planen die Lage einer gemeinsamen Pumpstation (P) zur Trinkwasserversorgung so, dass die Zuleitungen zu den drei Orten die gleiche Länge haben. Bestimme die Koordinaten der Station. P(____|____)

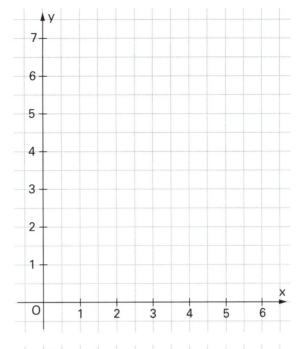

b) Die drei Gemeinden planen einen möglichst großen kreisförmigen Erholungspark, der von den drei direkten Ortsverbindungen berührt werden soll. Bestimme die Koordinaten des Mittelpunktes W dieser Anlage.

W(____|____)

c) Dort, wo die direkten Ortsverbindungen den Park berühren, sollen Zugänge und Parkplätze entstehen. Bestimme die Koordinaten der drei Zugänge

Z_a(____|____); Z_b(____|____); Z_c(____|____)

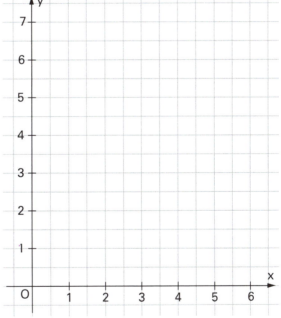

Test 3: Vierecke

1 Ergänze die Leerstellen sinnvoll.

a) Ein Quadrat ist ein Rechteck mit _____.

b) Ein Quadrat ist eine Raute mit _____.

c) Ein Rechteck ist _____ mit vier rechten Innenwinkeln.

d) Eine Raute ist _____ mit vier gleich langen Seiten.

2 Ergänze die Leerstellen sinnvoll.

a) Sind bei einem Trapez die beiden Schenkel gleich lang, so liegt ein

_____ vor.

b) Tritt bei einem _____ eine Symmetrieachse auf, so sind die beiden

_____ gleich lang.

c) Im symmetrischen Drachen wird die eine Diagonale von der anderen

_____ und _____.

d) In einem _____ sind gegenüberliegende Winkel

gleich groß, und nebeneinander liegende Winkel ergänzen sich zu 180°.

3 a) Von einem Parallelogramm kennt man die Seite b = 4 cm, die Höhe h_a = 1,6 cm und den Flächeninhalt A = 4,8 cm². Bestimme die Größen a, c, d, h_b und u.

b) Von einem symmetrischen Trapez kennt man die Seite b = 5 cm, die Höhe h_a = 4 cm, den Innenwinkel α = 53,1° und den Flächeninhalt A = 24 cm². Bestimme die Größen β, γ, δ und u.

Test 4: Aufgaben für Experten

über

1 Gegeben sind die Endpunkte A(1|1) und B(7|1) der Dreieckseite c und ein weiterer Punkt P(5|3).

a) Nimm an, dass P der Schnittpunkt der Seitenhalbierenden ist und konstruiere das Dreieck. Gib die Koordinaten der Punkte C, M_a, M_b und M_c an.

C(|); M_a(|); M_b(|); M_c(|)

b) Nimm an, dass P der Schnittpunkt der Höhen ist und konstruiere das Dreieck. Gib die Koordinaten der Punkte C, F_a, F_b und F_c an.

C(|); F_a(|); F_b(|); F_c(|)

Beschreibe jeweils deine wesentlichen Konstruktionsschritte.

zu Teilaufgabe a):   zu Teilaufgabe b):

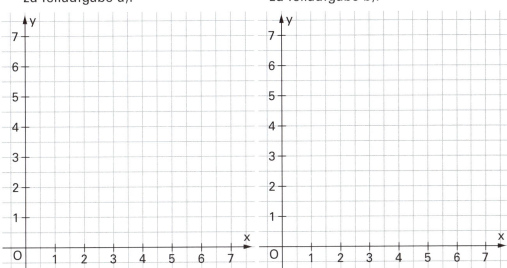

2 Blättere zurück zur Aufgabe 1a) von Test 2 (→ Seite 69).

a) Die drei Orte bilden ein Dreieck mit den Innenwinkeln:

α = _____   β = _____   γ = _____

b) Zusätzlich zu den drei direkten Strecken sollen A-, B- und C-Dorf durch eine kreisförmige Straße verbunden werden. Jede Gemeinde soll denjenigen Anteil an den Gesamtkosten in Höhe von 18 Millionen Euro tragen, der jeweils der halben Länge der neuen Verbindungsstrecken zu ihren Nachbarorten entspricht. Wie viel muss jede Gemeinde bezahlen?
Anleitung: Zeige, dass die Kosten K im Verhältnis
$K_A : K_B : K_C = (β + γ) : (α + γ) : (α + β)$ aufzuteilen sind.

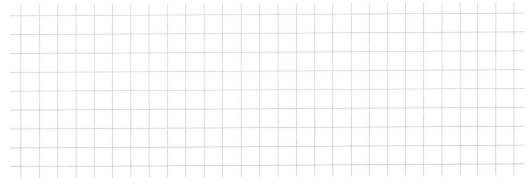

71

können

Klassenarbeit Nr. 7   45 min

Nr. 1

/8

Nr. 2

/4

[1] Zeichne in das Dreieck folgende Linien ein: h_c, w_β, m_b und s_a.

[2] Konstruiere den Schwerpunkt des abgebildeten Dreiecks.

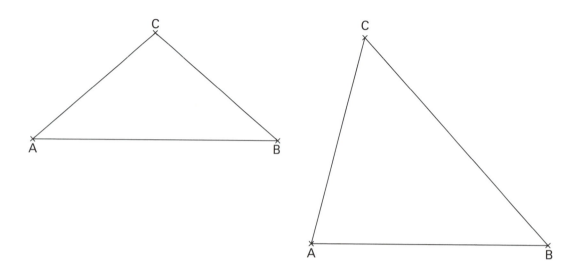

[3] Im Rahmen eines Entwicklungshilfeprojektes sollen in Namibia 3 Siedlungen mit einem Brunnen versorgt werden. Um Streitigkeiten zwischen den Bewohnern der einzelnen Dörfer zu vermeiden, soll der Brunnen so angelegt werden, dass er von allen drei Siedlungen gleich weit entfernt ist. Gleichzeitig sollte der Brunnen aber nicht weiter als 450 m von jedem Dorf entfernt sein. Ist ein solcher Brunnen möglich?

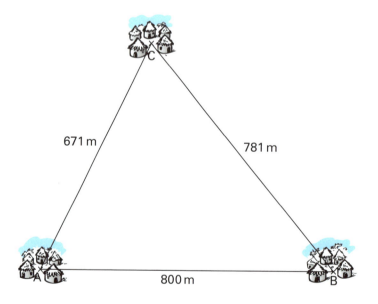

/4

können

4 Herr Gross hat für seine Ziegen beim Bauern einen Rundballen Heu für den Winter gekauft. Den Heuballen würde er gerne unter dem Dach seines Ziegenstalles lagern. Passt der Heuballen rein?

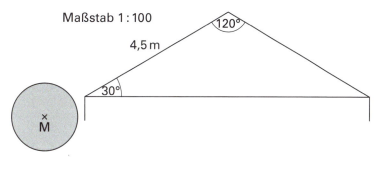

/4

5 Bestimme den Flächeninhalt und den Umfang der nebenstehenden Figur in Abhängigkeit von den Seitenlängen a und b.

/4

6 Zeichne die drei Punkte A(9|9), B(5|11) und C(1|9). Das Dreieck soll durch einen weiteren Punkt D zu einem symmetrischen Drachen ergänzt werden.
   a) Welche x- und y-Werte kann der Punkt D haben?
   b) Konstruiere den Punkt D so, dass der Drachen ein **Sehnenviereck** ist und gib seine Koordinaten an. Hinweis: Bei einem Sehnenviereck liegen alle vier Eckpunkte auf einem gemeinsamen Umkreis.

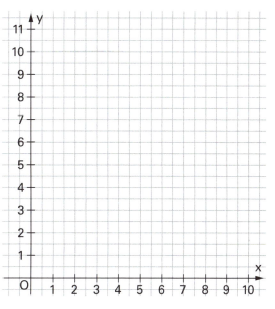

/6

erreichte Punktzahl

/ 30

73

8 Kongruenz

Kongruenzabbildungen im Überblick

Bei einer **Verschiebung** wird jeder Punkt einer Figur mithilfe desselben **Verschiebungspfeiles** $\vec{v}$ (auch: **Vektor**) auf den Bildpunkt verlagert, z. B.: $\vec{v}: A \to A', B \to B', C \to C'$, usw. Verschiebungen ändern den **Umlaufsinn** (auch: Drehsinn) einer Figur nicht.

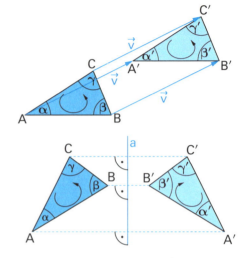

Bei einer **Achsenspiegelung** wird jeder Punkt einer Figur an der **Spiegelachse a** gespiegelt. Dabei wird jede der Verbindungsstrecken AA', BB', CC', usw. senkrecht von a geschnitten und halbiert. Achsenspiegelungen kehren den Umlaufsinn einer Figur um.

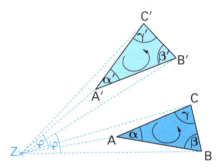

Bei einer **Drehung** wird jeder Punkt einer Figur entsprechend dem **Drehwinkel** um das **Drehzentrum Z** gedreht. Vereinbarungsgemäß geben positive Drehwinkel eine Drehung gegen den Uhrzeigersinn, negative Winkel eine Drehung im Uhrzeigersinn an.
Drehungen ändern den Umlaufsinn einer Figur nicht. Beträgt der Drehwinkel = 180°, so liegt der spezielle Fall einer **Punktspiegelung** vor.

– Eine Kongruenzabbildung ändert weder eine Seitenlänge (z.B. $\overline{AB} = \overline{A'B'}$ usw.), noch einen Winkel (z.B. $\alpha = \alpha'$ usw.).
– Eine Figur, die nach einer Achsenspiegelung an a, bzw. Punktspiegelung an Z mit sich zur Deckung kommt, ist achsensymmetrisch bzw. punktsymmetrisch.
– Die Hintereinanderausführung (auch: Verknüpfung) zweier Kongruenzabbildungen ergibt wieder eine Kongruenzabbildung.

> Bevor du konstruierst, solltest du eine Planskizze (Planfigur) machen, in der du alle bekannten Größen färbst. Mit ihr lässt sich die Konstruktion gut planen.

Der Kongruenzsatz sss

Stimmen zwei Dreiecke in den **Längen ihrer Seiten** überein, dann sind diese beiden Dreiecke kongruent (d.h. übereinander gelegt sind sie deckungsgleich).
Beispiel 1: Konstruiere ein Dreieck mit den Seitenlängen a = 2 cm, b = 2,5 cm und c = 3 cm.
Konstruierbarkeit über Dreiecksungleichungen prüfen: 2 cm + 2,5 cm > 3 cm;
2,5 cm + 3 cm > 2 cm und 2 cm + 3 cm > 2,5 cm.
Das Dreieck ist also konstruierbar.

> Damit ein Dreieck konstruierbar ist, muss die Summe aus zwei Seiten stets länger als die dritte Seite sein. Es müssen die drei **Dreiecksungleichungen** a + b > c, b + c > a und a + c > b erfüllt sein.

Konstruktionsbeschreibung[1]:
① Zeichne die Grundseite c = 3 cm.
② Zeichne um A einen Kreisbogen mit Radius b = 2,5 cm.
③ Zeichne um B einen Kreisbogen mit Radius a = 2 cm.
④ Die Kreisbögen schneiden sich in C.

Planfigur: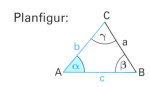

Konstruktion: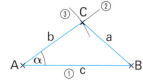

Der Kongruenzsatz sws

Stimmen zwei Dreiecke in den **Längen zweier Seiten und dem von diesen Seiten eingeschlossenen Winkel** überein, dann sind diese beiden Dreiecke kongruent.

Beispiel 2: Konstruiere ein Dreieck mit den Seitenlängen b = 2 cm, c = 3 cm und dem Winkel α = 35°.
Konstruktionsbeschreibung:
① Zeichne die Grundseite c = 3 cm.
② Trage in Punkt A den Winkel α = 35° ab.
③ Der Kreisbogen um A mit dem Radius b = 2 cm schneidet den freien Schenkel im Eckpunkt C.

Planfigur:

Konstruktion:

Der Kongruenzsatz Ssw

Stimmen zwei Dreiecke in den **Längen zweier Seiten** und demjenigen **Winkel, der der längeren dieser beiden Seiten gegenüberliegt**, überein, dann sind diese beiden Dreiecke kongruent.

Beispiel 3: Konstruiere ein Dreieck mit den Seitenlängen a = 2 cm, c = 1,5 cm und dem Winkel α = 40°.
Konstruktionsbeschreibung:
① Zeichne die Grundseite c = 1,5 cm.
② Trage in Punkt A den Winkel α = 40° ab
③ Der Kreisbogen B mit dem Radius a = 2 cm schneidet den freien Schenkel in C.

Achtung: Wenn der gegebene Winkel nicht der **längeren** der beiden bekannten Seiten gegenüberliegt, dann ist die Konstruktionsaufgabe entweder nicht mehr eindeutig (sodass zwei Dreiecke entstehen würden) oder aber gar nicht mehr lösbar.

Planfigur: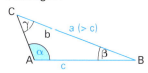

Konstruktion: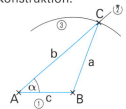

---

[1] Wenn bei dir in der Klassenarbeit Konstruktionsbeschreibungen gefordert sind, solltest du sie immer so formulieren, wie ihr das im Unterricht gelernt habt ...

8 Kongruenz

Die Kongruenzsätze wsw und sww

1. Stimmen zwei Dreiecke in der Länge einer Seite und den beiden an dieser Seite anliegenden Winkeln überein, dann sind diese beiden Dreiecke kongruent (wsw).
2. Nach dem Innenwinkelsummensatz für Dreiecke (→ Seite 56) kann anstelle einer der anliegenden Winkel auch der gegenüberliegende Winkel gegeben sein (sww).

Konstruiere ein Dreieck aus: c = 3,5 cm und α = 35° und β = 55°.

Konstruktionsbeschreibung:
① Zeichne die Grundseite c = 3,5 cm.
② Trage in Punkt A den Winkel α = 35° ab.
③ Trage in Punkt B den Winkel β = 55° ab.
④ Die freien Schenkel schneiden sich in C.

Planfigur:

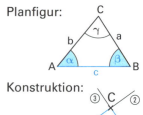

Konstruktion:

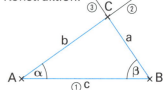

Die Konstruktion von Vierecken

Jedes konvexe Viereck kann durch jede seiner beiden Diogonalen in zwei Dreiecke zerlegt werden. Dadurch lässt sich die Frage nach der **Konstruierbarkeit eines Vierecks** auf die Konstruierbarkeitsproblematik für die beiden Teildreiecke zurückführen – und die kann mithilfe der Kongruenzsätze für Dreiecke beantwortet werden.
Für diese Überlegungen ist eine **Planfigur** sinnvoll.

Beispiel 4: Führen die Angaben a = 4 cm, b = 2,5 cm, c = 2 cm, e = 3,5 cm und γ = 125° auf ein Viereck?
Die Angaben zum Teildreieck ABC erfüllen den Kongruenzsatz sss und auch die Dreiecksungleichungen. Mit γ_1 ist auch der Winkel $\gamma_2 = \gamma - \gamma_1$ bekannt und damit erfüllen die Angaben zum Teildreieck ACD den Kongruenzsatz sws. Also kann das Viereck ABCD eindeutig konstruiert werden.

Beispiel 5: Konstruiere das Viereck aus Beispiel 5.
Konstruktionsbeschreibung:
① Zeichne die Seite a = 4 cm.
② Die Kreisbögen um A mit Radius e = 3,5 cm und um B mit Radius b = 2,5 cm schneiden sich in C.
③ Trage in C den Winkel γ = 125° ab.
④ Der Kreisbogen um C mit dem Radius c = 2 cm schneidet den freien Schenkel im Punkt D; zeichne d ein.

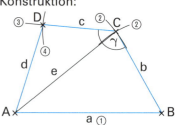

Die Kongruenzsätze zeigen, dass sich die Konstruierbarkeit von Dreiecken stets auf drei geeignete Angaben gründet. Vierecke erfordern daher unter Berücksichtigung der Diagonale als gemeinsamer Seite 2·3 − 1 = 5 geeignete Angaben (vergleiche Beispiel 5).
Jedoch führen die Symmetrieeigenschaften spezieller Vierecke dazu, dass man auch mit weniger Angaben auskommt. So erfordert z. B. ein Quadrat nur eine Angabe.

Test 1: Kongruenzabbildungen

üben

1 a) Das Dreieck mit den Eckpunkten $A_0(1|0)$; $B_0(4|1)$; $C_0(0|2)$ wird durch den eingezeichneten Verschiebungspfeil $\vec{v_1}$ verschoben.
Gib die Koordinaten der verschobenen Eckpunkte an:

$A_1(\_\_\_|\_\_\_)$;

$B_1(\_\_\_|\_\_\_)$;

$C_1(\_\_\_|\_\_\_)$.

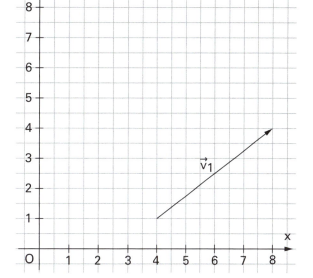

b) Nun wird das Dreieck $A_1B_1C_1$ so verschoben, dass der Punkt A_1 auf den Punkt $A_2(2|6)$ abgebildet wird. Gib die Koordinaten der Bildpunkte B_2 und C_2 an und beschreibe den Verschiebungspfeil $\vec{v_2}$. $\vec{v_2}$ kann beschrieben werden durch eine Angabe wie z. B.: „2 LE (Längeneinheiten) nach rechts und 3 LE nach oben."

$B_2(\_\_\_|\_\_\_)$; $C_2(\_\_\_|\_\_\_)$; $\vec{v_2}$: _____

c) Gib einen Verschiebungspfeil $\vec{v_3}$ an, durch den das Dreieck $A_0B_0C_0$ direkt nach $A_2B_2C_2$ verschoben wird. Wie hängt $\vec{v_3}$ von $\vec{v_1}$ und $\vec{v_2}$ ab?

_____

2 Das Dreieck A'B'C' geht aus dem Dreieck ABC durch eine Drehung hervor. Bestimme die Lage des Drehzentrums Z und gib auch den entsprechenden Drehwinkel w an.

$Z(\_\_\_|\_\_\_)$ $\varphi =$ _____

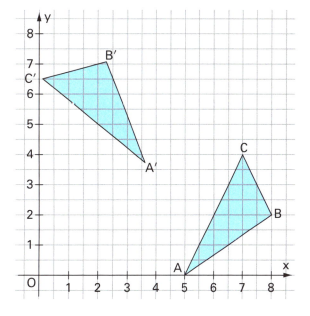

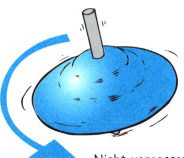

Nicht vergessen!
In der Geometrie werden Winkel immer **gegen** den Uhrzeigersinn gemessen!

77

üben

Test 2: Kongruenzsätze

1. B-Dorf liegt 5 km von A-Dorf entfernt. Von A-Dorf nach C-Dorf sind es 7 km und von B-Dorf nach C-Dorf 4 km.

   a) In welchem Maßstab wurde die Entfernung zwischen A-Dorf und C-Dorf vorgegeben?

   Maßstab: _____

   b) Bestimme die Position von C-Dorf und gib die Maße der Innenwinkel im Dreieck ABC an.

   $\alpha =$ _____ $\beta =$ _____ $\gamma =$ _____

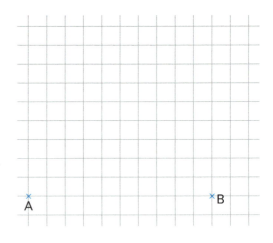

2. Prüfe ohne zu zeichnen, ob mit den Angaben ein Dreieck konstruiert werden kann.

   a) a = 2 cm, b = 3 cm, c = 6 cm _____

   b) a = 12 cm, b = 8 cm, c = 5 cm _____

   c) a = 32 cm, b = 24 cm, c = 8 cm _____

   d) a = 12 cm, b = 12 cm, c = 12 cm _____

3. Vom Vermessungspunkt A aus soll mit einem Peilgerät die Lage eines Tunnels vermessen werden. Zunächst wird der 6,5 km entfernte Punkt B (Tunneleinfahrt) angepeilt. Nach einer Drehung des Peilgeräts um 43° hat man den 5,5 km entfernten Punkt C im Visier (Tunnelausfahrt). Bestimme durch eine maßstabsgerechte Konstruktion die Länge des so vermessenen Tunnels.

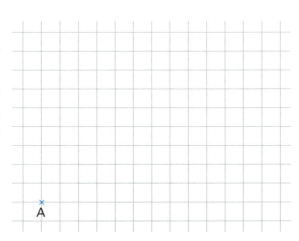

78

üben

4 Heiko ist mit dem Fahrrad unterwegs und verpasst in A-Dorf die Abzweigung zu dem 7 km entfernten C-Dorf. Stattdessen erreicht er nach 6 km B-Dorf, wo er den Kreisverkehr um 305° durchfahren muss, bevor er von dort aus nach C-Dorf abbiegt. Wie weit ist es jetzt noch bis zum Ziel? Konstruiere die Lösung im geeigneten Maßstab.

a = $\overline{BC}$ = _____

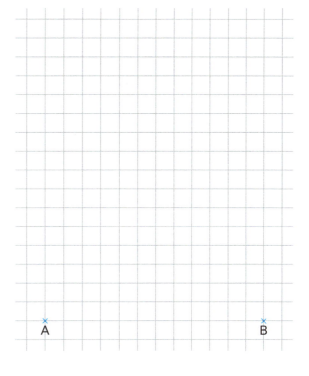

5 Prüfe ohne zu zeichnen, ob der Kongruenzsatz Ssw auf eine eindeutige Konstruktionslösung führt.

a) a = 1,2 dm, b = 14 cm, β = 16°

b) c = 0,75 m, b = 85 cm, γ = 112°

c) c = 2,4 cm, a = 42 mm, γ = 90°

Test 3: Konstruktion von Vierecken

1 Weise zunächst die eindeutige Konstruierbarkeit nach, führe dann die Konstruktion durch und beschreibe die wesentlichen Konstruktionsschritte.

a) Ein Quadrat hat die Seitenlänge $a = 5{,}5\,\text{cm}$.

b) Ein Rechteck hat die Seitenlänge $a = 7\,\text{cm}$ und die Diagonale $e = 8\,\text{cm}$.

c) Ein Parallelogramm hat die Seitenlänge $a = 6{,}5\,\text{cm}$ und die Diagonalen $e = 8\,\text{cm}$ und $f = 7\,\text{cm}$.

d) Ein symmetrischer Drachen hat die Seitenlängen $a = 7\,\text{cm}$ und $b = 5\,\text{cm}$ und die Diagonale $e = 9\,\text{cm}$.

e) Ein Trapez hat die Seitenlängen $a = 8\,\text{cm}$, $c = 2{,}5\,\text{cm}$, $d = 3{,}5\,\text{cm}$ und die Diagonale $f = 7\,\text{cm}$.

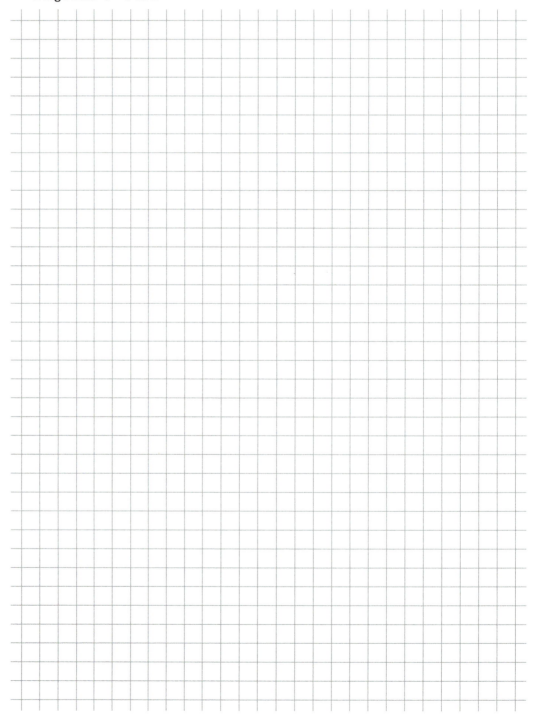

Test 4: Aufgaben für Experten

üben

1 Prüfe, ob die folgenden Aussagen wahr sind.

		wahr	falsch
a)	Zwei hintereinander ausgeführte Verschiebungen können stets durch eine einzige Verschiebung ersetzt werden.	☐	☐
b)	Eine Drehung kann stets durch eine Achsenspiegelung ersetzt werden.	☐	☐
c)	Zwei hintereinander ausgeführte Drehungen um dasselbe Drehzentrum können stets durch eine einzige Drehung ersetzt werden.	☐	☐
d)	Zwei hintereinander ausgeführte Achsenspiegelungen können stets durch eine einzige Achsenspiegelung ersetzt werden.	☐	☐

2 An der Küste stehen im Abstand von 2,5 km die beiden Leuchttürme A und B, von denen aus das Schiff C unter den Winkeln $\alpha = 37°$ und $\beta = 52°$, jeweils gegen die Verbindungsstrecke AB gemessen, beobachtet wird. Bestimme mithilfe einer maßstabsgerechten Konstruktion, wie weit das Schiff von A und B und auch von der Küste entfernt ist.

3 Begründe mithilfe der Kongruenzsätze, dass sich die Diagonalen in einem Parallelogramm stets gegenseitig halbieren.

4 Weise die Flächeninhaltformel $A = \frac{a+c}{2} \cdot h$ für Trapeze nach, indem du die Kongruenz der gleichfarbig markierten Dreiecke nachweist.

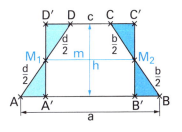

81

Klassenarbeit Nr. 8   45 min

können

1 Konstruiere das an der Achse a gespiegelte Bild des Dreiecks ABC und beschreibe die wesentlichen Schritte deines Vorgehens.

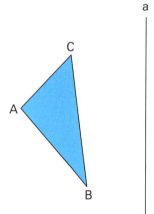

_____
_____
_____
_____
_____
_____
_____
_____

/4

2 Prüfe ohne zu zeichnen, ob mit den Angaben ein Dreieck konstruiert werden kann.

a) a = 3 cm, b = 5 cm, c = 9 cm _____

b) a = 9,5 cm, b = 6,4 cm, c = 3,2 cm _____

c) a = 26 cm, b = 2 dm, c = 0,4 m _____

d) a = 2 m, b = 4 m, c = 6 m _____

/4

3 Gib an, um welchen Kongruenzsatz es sich handelt, konstruiere im Heft das entsprechende Dreieck und miss die gesuchte Größe.

a) c = 7 cm, a = 4,9 cm, γ = 45°. Kongruenzsatz: ____; Gesucht: α = ____

b) a = 6 cm, b = 3,6 cm, c = 4,8 cm. Kongruenzsatz: ____; Gesucht: α = ____

c) a = 4,2 cm, b = 6,3 cm, γ = 75°. Kongruenzsatz: ____; Gesucht: c = ____

/9

82

können

4 Jonas wohnt in einem Hochhaus direkt an der Rheinpromenade. Von seinem Zimmer in 53 m Höhe aus kann er beide Rheinufer sehen. Mit einem Winkelmesser misst er die beiden Tiefenwinkel (s. Abbildung).

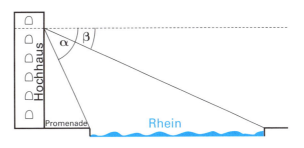

Bestimme mit einer geeigneten Zeichnung die Breite des Rheines an dieser Stelle. Beschreibe dein Vorgehen.

/4

5 Anke (A) und Bernd (B) wollen den Abstand zwischen C-Dorf und D-Dorf bestimmen.
Dazu stellen sie sich im Abstand a = 500 m voneinander entfernt auf und messen die Winkel, unter denen ihnen die Kirchturmspitzen beider Ortschaften gegen die Basisstrecke a = $\overline{AB}$ erscheinen.

Anke: ∢(BAC) = α_1 = 36°
und ∢(BAD) = α_2 = 95°;
Bernd: ∢(ABC) = β_1 = 77° und ∢(ABD) = β_2 = 28°.
Weise mithilfe einer Planfigur nach, dass diese Abstandsmessung möglich ist. Führe eine maßstabsgerechte Konstruktion durch und bestimme den Abstand $\overline{CD}$.

/9

erreichte Punktzahl

/ 30

83

9 Daten und Zufall

Daten erheben, absolute und relative Häufigkeit

Bei einer Erhebung von Daten, beispielsweise in einer Umfrage, werden diese Daten in der Regel zunächst in der auftretenden Reihenfolge in einer sogenannten **Urliste** notiert. Der Nachteil der Urliste ist, dass sie relativ unübersichtlich ist und dass bei längeren Listen nicht sofort erkennbar ist, welche Merkmalswerte häufiger und welche seltener auftreten.

Beispiel 1: Lucia führt in ihrer Klasse eine Umfrage zu den Hobbies einiger Schülerinnen und Schüler durch. Sie notiert sich in einer Urliste:

Name	Tim	Jonas	Maria	Selim	Dilek	Artur	Felix	Steffi
Hobby	Handball	Tennis	Reiten	Fußball	Tennis	PC	Fußball	Fußball

Diese Daten können nun mithilfe einer **Strichliste** auf die Häufigkeit der einzelnen Merkmalswerte untersucht werden. Anschließend kann man diese **absoluten Häufigkeiten H** in einer **Tabelle** zusammenfassen.

Beispiel 2: (Fortsetzung von Beispiel 1): Lucia macht sich in einer Strichliste deutlich, welches Hobby wie oft genannt wurde und erstellt eine Tabelle mit den absoluten Häufigkeiten.

Hobby	Handball	Tennis	Reiten	Fußball	PC
Wie oft genannt	I	II	I	III	I

Hobby	Handball	Tennis	Reiten	Fußball	PC
Absolute Häufigkeit H	1	2	1	3	1

Möchte man statistische Daten miteinander vergleichen (z. B. mehrere Umfragen zum selben Thema), kann es sein, dass Listen mit absoluten Häufigkeiten irreführend sind, nämlich dann wenn der **Stichprobenumfang n**, in diesem Fall die Anzahl der Befragten, unterschiedlich groß ist.

Beispiel 3: Auch Pia hat eine Umfrage zu den Hobbies ihrer Klassenkameraden geführt, mit folgendem Ergebnis:

Hobby	Handball	Tennis	Reiten	Fußball	PC
Absolute Häufigkeit H	2	3	4	7	4

Der Stichprobenumfang war bei Lucia $n = 8$ und bei Pia $n = 20$. Möchte man nun wissen, in welcher Gruppe **im Verhältnis** mehr Fußball gespielt wird, wäre es unsinnig, die beiden absoluten Häufigkeiten miteinander zu vergleichen.

Eine vergleichbare Größe ist der relative Anteil eines Merkmalswertes am Gesamtumfang, die sogenannte **relative Häufigkeit h**. Es gilt $h = \frac{H}{n}$. Häufig werden auch die Prozentsätze der relativen Häufigkeiten (h%) angegeben.

Beispiel 4: (Fortsetzung von Beispiel 3): In Lucias Umfrage ist die relative Häufigkeit für Fußball $h_{Fußball} = \frac{3}{8} = 0{,}375 = 37{,}5\,\%$, in Pias $h_{Fußball} = \frac{7}{20} = 0{,}35 = 35\,\%$. In Lucias Gruppe tritt Fußball also relativ gesehen häufiger auf.

verstehen

Daten darstellen

Noch aussagekräftiger als Tabellen mit absoluten oder relativen Häufigkeiten sind grafische Darstellungen in Form verschiedener **Diagramme**. Dabei können sowohl absolute als auch relative Häufigkeiten dargestellt werden. Die wichtigsten dieser Diagrammformen sind nachfolgend aufgelistet, du kennst sie bestimmt auch schon aus dem Fernsehen, dem Internet oder der Zeitung.

Je nachdem, wie man die Achsen im Verhältnis zueinander skaliert, kann man den Eindruck, den eine Statistik machen soll, erheblich verstärken. Achte darauf, wenn du wieder mal eine Statistik siehst!

Beispiel 5: Pias Umfrageergebnisse in verschiedenen Diagrammformen.

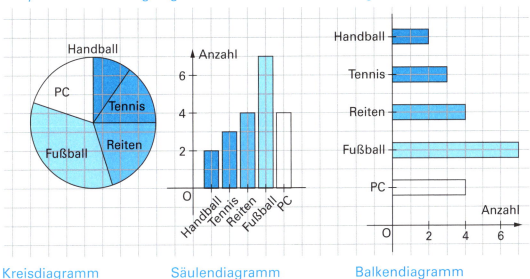

Kreisdiagramm	Säulendiagramm	Balkendiagramm

Arithmetisches Mittel, Median und Modalwert

Neben der grafischen Darstellung und Interpretation einer Datenliste, gibt es noch einige charakteristische Größen, die dir bei der Bewertung helfen können.

Der arithmetische Mittelwert: Mit ihm kann man den „Durchschnitt" einer Datenreihe (z. B. den Notendurchschnitt einer Klassenarbeit) berechnen.
Hat der Merkmalswert x_1 die Häufigkeit n_1, der Merkmalswert x_2 die Häufigkeit n_2, …der Merkmalswert x_k die Häufigkeit n_k und ist $n_1 + n_2 + … n_k = n$, dann gilt:
$$\bar{x} = \frac{n_1 \cdot x_1 + n_2 \cdot x_2 + … + n_k \cdot x_k}{n}.$$

Beispiel 6: Eine Klassenarbeit ergab folgende Notenverteilung.

Note	1	2	3	4	5
Anzahl	4	7	11	4	3

Die Durchschnittsnote (arithmetisches Mittel) ist:
$$\bar{x} = \frac{4 \cdot 1 + 7 \cdot 2 + 11 \cdot 3 + 4 \cdot 4 + 3 \cdot 5}{29} \approx 2{,}8$$

9 Daten und Zufall

Der Median (auch Zentralwert oder mittleres Quartil) $\tilde{x}$: Er steht in der Mitte einer Rangliste von Daten, die der Größe nach sortiert sind. Bei einer ungeraden Anzahl von Daten ist es genau der Wert in der Mitte, bei einer geraden Anzahl das arithmetische Mittel der beiden Daten links und rechts der Mitte.

Beispiel 7: Mirco misst in einer Woche, wie lange er mit dem Fahrrad zu Schule braucht und sortiert die Ergebnisse der Größe nach: 12 min, 12 min, 13 min, 14 min, 15 min. Der Median ist 13 min. Nun nimmt er noch das Ergebnis vom nächsten Montag dazu und sortiert wieder: 12 min, 12 min, 13 min, 14 min, 14 min, 15 min. Für den Median gilt nun (gerade Anzahl Werte)
$\tilde{x} = \frac{(13 + 14)\,min}{2} = 13{,}5\,min$.

Der Modalwert x^*: Er ist der **häufigste Wert** in der Liste.
Achtung: Es kann mehrere häufigste Werte (Modalwerte) geben.
Beispiel 8: (Fortsetzung von Beispiel 7): In Mircos erster List ist der Modalwert $x^* = 12\,min$, in seiner zweiten Liste gibt es zwei Modalwerte, 12 min und 14 min.

Boxplots

Neben dem (Gesamt-)Median (mittleres Quartil) gibt es noch den Median der unteren Datenhälfte (**unteres Quartil**) und den Median der oberen Datenhälfte (**oberes Quartil**). Diese drei Werte teilen den Datensatz in vier **Klassen** ein.
Ein **Boxplot** ist eine grafische Darstellungsform, bei der die beiden Klassen links und rechts des mittleren Quartils (also 50 % aller Daten) durch ein Kästchen (Box) hervorgehoben werden. Die anderen 50 % der Daten verteilen sich auf die **Antennen**, an denen man auch den kleinsten und den größten Wert ablesen kann, wodurch man die gesamte Breite (**Spannweite**) der Verteilung erkennen kann.
Beispiel 9: Mirco hat die Dauer seines Schulweges über zwei Schulwochen gemessen und in einem Boxplot dargestellt.
11 min, 11 min, 12 min, 12 min, 13 min, 14 min, 14 min, 15 min, 15 min, 16 min.
Median $\tilde{x} = \frac{13\,min + 14\,min}{2} = 13{,}5\,min$
Unteres Quartil u $\tilde{x}_u = 12\,min$, oberes Quartil o $\tilde{x}_o = 15\,min$.

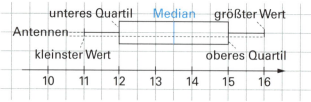

Boxplots werden manchmal auch „stehend" (senkrecht) und nicht wie hier „liegend" (waagerecht) gezeichnet.
Zeichne sie einfach so, wie du es aus der Schule kennst.

Zufallsexperimente und Wahrscheinlichkeiten

Ein **Zufallsexperiment** ist ein Vorgang, der sich beliebig oft unter den gleichen Bedingungen wiederholen lässt und bei dem nicht vorhergesagt werden kann, welches der möglichen **Ergebnisse** ($e_1, e_2, ...$) eintritt. Alle möglichen Ergebnisse werden zur **Ergebnismenge** $S = \{e_1; e_2; ...\}$ zusammengefasst. Die Anzahl der Ergebnisse wird als **Mächtigkeit** $|S|$ der Ergebnismenge bezeichnet.

Beispiel 10: Das Werfen eines Würfels ist ein Zufallsexperiment mit
$S = \{1; 2; 3; 4; 5; 6\}$ und $|S| = 6$.

Jede Kombination von Ergebnissen stellt ein sogenanntes **Ereignis** dar. Jedes Ereignis ist damit eine Teilmenge der Ergebnismenge S. Ereignisse mit nur einem Element nennt man **Elementarereignisse**.

Beispiel 11: Beim Würfeln kann man u.a. folgende Ereignisse betrachten:
A: *Die Augenzahl ist gerade.* $A = \{2; 4; 6\}$
B: *Die Augenzahl ist eine Quadratzahl.* $B = \{1; 4\}$
C: *Die Augenzahl ist ein Teiler von 60.* $C = S = \{1; 2; 3; 4; 5; 6\}$.

Zufallsversuche, bei denen die einzelnen Ergebnisse alle gleichwahrscheinlich sind, nennt man nach dem französischen Mathematiker Pierre Simon de Laplace **Laplace-Experimente**.

Für die **Wahrscheinlichkeit p** eines Ereignisses E eines Laplace-Experiments gilt:

$p(E) = \dfrac{\text{Anzahl der zu E gehörenden Ergebnisse}}{\text{Anzahl der möglichen Ergebnisse}} = \dfrac{|E|}{|S|}$.

Beispiel 12: (Fortsetzung von Beispiel 11): Da beim Würfeln aufgrund der Symmetrie des Würfels jede Augenzahl die gleiche Wahrscheinlichkeit $\left(\frac{1}{6}\right)$ hat, handelt es sich um ein Laplace-Experiment. Für die Ereignisse aus Beispiel 11 gilt also:

$p(A) = \dfrac{|A|}{|S|} = \dfrac{3}{6} = \dfrac{1}{2} = 50\,\%$; $p(B) = \dfrac{|B|}{|S|} = \dfrac{2}{6} = \dfrac{1}{3} \approx 33\,\%$; $p(C) = \dfrac{|C|}{|S|} = \dfrac{6}{6} = 1 = 100\,\%$.

Wahrscheinlichkeiten werden häufig in Prozent angegeben.
Aus $p(S) = \dfrac{|S|}{|S|} = 1 = 100\,\%$ folgt $0 \leq p(E) \leq 1$, bzw. $0 \leq p(E) \leq 100\,\%$.

Gegenereignis und Gegenwahrscheinlichkeit

Zu jedem Ereignis gibt es ein **Gegenereignis** $\overline{E}$ (lies E quer).
$\overline{E}$ enthält alle Ergebnisse aus S, die **nicht** in E liegen.

Beispiel 13: Das Gegenereignis $\overline{B}$ zu B aus Beispiel 11 heißt:
Die Augenzahl ist keine Quadratzahl. Es gilt $\overline{B} = \{2; 3; 5; 6\}$.
Da $E + \overline{E} = S$, gilt auch $p(E) + p(\overline{E}) = p(S) = 1$,
bzw. $\mathbf{p(\overline{E}) = 1 - p(E)}$.

Beispiel 14: (Fortsetzung von Beispiel 13):
Es gilt die Wahrscheinlichkeit $p(\overline{B}) = \dfrac{4}{6} = \dfrac{2}{3}$.

Also $p(B) + p(\overline{B}) = \dfrac{1}{3} + \dfrac{2}{3} = 1$, bzw.
$p(E) = 1 - p(\overline{B}) = 1 - \dfrac{2}{3} = \dfrac{1}{3}$.

Wenn ein Ereignis sehr viele Elemente hat, kann es leichter sein, p(E) über die Wahrscheinlichkeit des Gegenereignisses auszurechnen.

9 Daten und Zufall

Mehrstufige Zufallsexperimente, Baumdiagramm, Pfadregel

Werden mehrere Zufallsexperimente gleichzeitig oder hintereinander ausgeführt, so bilden sie zusammen ein **mehrstufiges Zufallsexperiment**. Die Ergebnisse eines zwei-, drei-, ...n-stufigen Zufallsexperiments werden als **geordnete Paare, Tripel, ...n-Tupel** angegeben.

Beispiel 15: Ein Würfel wird zweimal hintereinander geworfen.
Die Ergebnismenge $S = \{(1; 1); (1; 2), (1; 3) ... (6; 5); (6; 6)\}$ mit $|S| = 36$.

Mehrstufige Zufallsexperimente lassen sich durch **Baumdiagramme** veranschaulichen. Jeder Knotenpunkt stellt ein mögliches Ergebnis für das Teilexperiment der entsprechenden Stufe dar. Von ihnen aus verzweigen sich **Teilpfade**, die zu den möglichen Ergebnissen der nächsten Stufe führen. Hier notiert man die **Teilwahrscheinlichkeiten (Einzelwahrscheinlichkeiten)**. Am Endpunkt eines jeden Gesamtpfades stehen das zugehörige Ergebnis-Tupel und gegebenenfalls auch die **Pfadwahrscheinlichkeit (Ergebniswahrscheinlichkeit)**.

In jedem Baumdiagramm gilt die **Verzweigungsregel**: Für alle Teilpfade, die von einem Knotenpunkt ausgehen, ergibt die Summe der zugehörenden Einzelwahrscheinlichkeiten stets 1.

Für mehrstufige Zufallsexperimente gelten außerdem **die 1. und 2. Pfadregel**.
– 1. Pfadregel (Produktregel): Die **Wahrscheinlichkeit eines Ergebnisses** (Pfad- bzw. Ergebniswahrscheinlichkeit) entspricht dem **Produkt aller Einzelwahrscheinlichkeiten entlang des zugehörigen Pfades**.
– 2. Pfadregel (Summenregel): **Die Wahrscheinlichkeit eines Ereignisses** entspricht der **Summe der zugehörenden Ergebniswahrscheinlichkeiten**.

Eine Reißzwecke wird zweimal hintereinander geworfen.
Sie bleibt entweder auf dem Rücken oder der Seite liegen. Es gilt $p(R) = 0{,}53$; $p(S) = 0{,}47$.
Wie hoch ist die Wahrscheinlichkeit des Ereignisses A: *Die Reißzwecke bleibt mindestens einmal auf der Seite liegen?*
$A = \{SR; RS; SS\}$.
$p(A) = 0{,}47 \cdot 0{,}53 + 0{,}53 \cdot 0{,}47 + 0{,}47 \cdot 0{,}47 \approx 0{,}72$
$ = 72\,\%$.
Alternativ: mit dem Gegenereignis $\overline{A}$:
Die Reißzwecke bleibt keinmal auf der Seite liegen $(\overline{A} = \{RR\})$.
$p(A) = 1 - p(RR)$
$ = 1 - 0{,}53 \cdot 0{,}53 \approx 0{,}72$

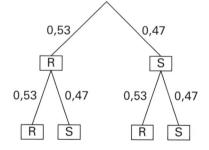

Test 1: Daten erheben und darstellen

üben

1 Die Klassen 7a und 7b führen eine Umfrage durch, wohin der Klassenausflug gehen soll.

7a	Baggersee	Zoo	Freizeitpark	Fahrradtour

7b	Baggersee	Zoo	Freizeitpark	Fahrradtour

a) Eine solche Liste nennt man eine _____. Im Gegensatz zur

_____ kann man in ihr die _____ Häufigkeiten ablesen.

b) Fülle die Tabelle aus.

Klasse 7a	Baggersee	Zoo	Freizeitpark	Fahrradtour	Summe
abs. Häufigkeit H					
rel. Häufigkeit h					

Klasse 7b	Baggersee	Zoo	Freizeitpark	Fahrradtour	Summe
abs. Häufigkeit H					
rel. Häufigkeit h%					

2 Stelle die Umfrageergebnisse der Klassen 7a als Säulendiagramm der absoluten Häufigkeiten und die der 7b als Kreisdiagramm mit den prozentualen Stimmanteilen dar.

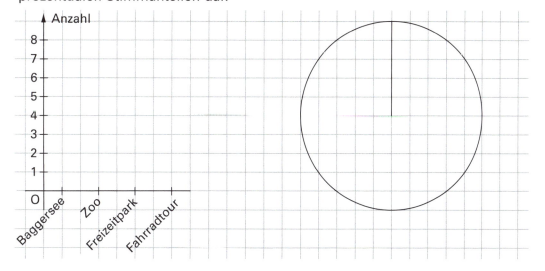

Test 1: Daten erheben und darstellen

üben

3 600 Personen wurden nach ihrem Lieblings-
urlaubsziel befragt und die Ergebnisse in einem
Kreisdiagramm dargestellt.

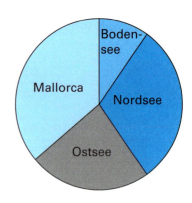

a) Fülle die Tabelle aus.

	Mallorca	Ostsee	Nordsee	Bodensee
Winkelmaß (°)				
H				
h				
h%				

b) Erstelle mit den Daten ein Balkendiagramm.

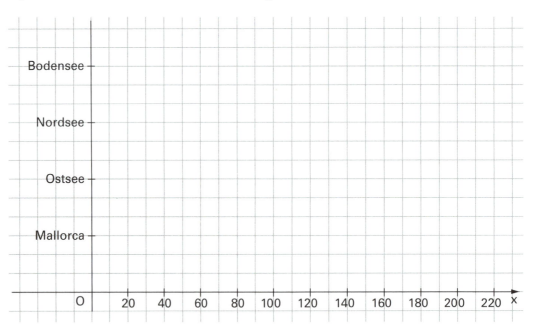

90

Test 2: Statistische Größen, Boxplots

üben

1 In der Klasse 7 c wird von 10 zufällig ausgewählten Personen die Körpergröße bestimmt und aufgeschrieben:
1,53 m; 1,46 m; 1,71 m; 1,65 m; 1,53 m; 1,67 m; 1,69 m; 1,58 m; 1,73 m; 1,62 m
a) Gib die Durchschnittsgröße der 10 Schülerinnen und Schüler an.
b) Bestimme den Median.
c) Gib den Modalwert an.
d) Bestimme das untere und das obere Quartil.

2 Zwei Messreihen ergaben folgende Werte:

Reihe 1	41	52	35	37	62	48	42	39	42	51
Reihe 2	50	37	51	48	39	58	46	40	55	

a) Bestimme für beide Messreihen den Median, das arithmetische Mittel und den Modalwert.
b) Wie müsste ein weiterer Wert in der Reihe 2 ausfallen, damit ihr neuer Median 48 ist?
c) Stelle beide Messreihen (Reihe 1 und die „alte" Reihe 2) in einem Boxplot dar und vergleiche die beiden Boxplots miteinander.

3 Die 7 b hat eine Klassenarbeit geschrieben. Die Ergebnisse sind nach Jungs und Mädchen getrennt aufgeführt.

Note	1	2	3	4	5	6	n
Jungs	2	7		2	1	0	18
Mädchen	1	4		1	0	0	11

a) Ergänze die Tabelle.
b) Es entbrennt ein Streit in der Klasse, da die Mädchen behaupten „Wir waren im Schnitt besser als ihr" und die Jungs erwidern „Das stimmt gar nicht, von uns hat die Hälfte 2,5 oder besser geschrieben, von euch nicht!"
Wer hat Recht? Rechne nach.

91

üben

Test 3: Zufallsexperimente

1 a) Wann wird ein Zufallsexperiment als Laplace-Experiment bezeichnet?
_____
_____

b) Nenne vier verschiedene Laplace-Experimente.
_____
_____

2 a) Wie lautet die Laplace-Formel zur Berechnung von Wahrscheinlichkeiten?
_____

b) Mit welcher Wahrscheinlichkeit wird mit einem fairen Würfel[1] eine Augenzahl geworfen, die

1. eine Primzahl ist (A)? _____
2. durch 3 teilbar ist (B)? _____
3. eine Quadratzahl ist (C)? _____
4. ein Teiler von 24 ist (D)? _____
5. ein Teiler von 23 ist (E)? _____
6. schon beim letzten Wurf erschien (F)? _____

3 Ein Skatspiel enthält von jeder Spielfarbe (Karo ♦, Herz ♥, Pik ♠, Kreuz ♣) jeweils acht Spielkarten: 7, 8, 9, 10; Bube, Dame, König (= Bildkarten); As. Notiere folgende Ereignisse als Menge und berechne die Wahrscheinlichkeit dafür, dass eine beliebig gezogene Karte

a) das Kreuz-As ist (A). _____
b) ein As ist (B). _____
c) eine Herz-Karte ist (C). _____
d) eine schwarze Karte ist (D). _____
e) eine Bildkarte ist (E). _____
f) eine rote Bildkarte ist (F). _____

---

[1] Als „fairen Würfel" bezeichnet man einen Würfel, bei dem die Wahrscheinlichkeiten für die einzelnen Zahlen alle gleich sind $\left(\frac{1}{6}\right)$. Ein nicht fairer Würfel wäre beispielsweise ein gezinkter Würfel.

4 Bestimme bei den Baumdiagrammen alle fehlenden Wahrscheinlichkeiten.

a)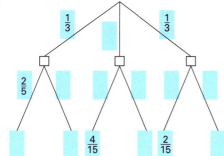
b)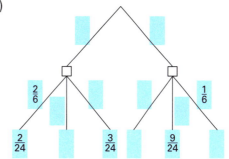

5 Beim Mensch-ärgere-dich-nicht-Spiel darfst du zu Beginn erst dann mit einer Spielfigur starten, wenn du eine 6 gewürfelt hast. Dazu darfst du pro Spielrunde höchstens dreimal würfeln.

a) Stelle das Würfeln in der ersten Runde des Mensch-ärgere-dich-nicht-Spiels als Baumdiagramm dar. Trage alle Einzel- und Gesamtergebnisse und alle Teil- und Gesamtwahrscheinlichkeiten in das Diagramm ein.

b) Mit welcher Wahrscheinlichkeit kannst du in der ersten Spielrunde

nicht starten? (A) _____

starten ? (B) _____

auf den dritten Wurf verzichten ? (C) _____

Test 4: Aufgaben für Experten

1 Eine Krankenkasse stellt fest, dass in einer repräsentativen Gruppe von 1600 Mitgliedern nur 688 Personen normalgewichtig (N) sind. In derselben Gruppe leiden 352 Personen an Diabetes (= Zuckerkrankheit) (D). Es gibt zu denken, dass alleine 224 Diabetiker auch übergewichtig sind und deshalb will man dem nachgehen.

a) Fülle die beiden **Vierfeldertafeln** für die absoluten Häufigkeiten (links) und für die relativen Häufigkeiten (rechts) aus. Wie gelangt man zu den entsprechenden Wahrscheinlichkeiten? Warum ist die Kenntnis der Wahrscheinlichkeiten von Vorteil? Hinweis: Der griechische Buchstabe Σ (Sigma) steht in den Tabellen für den Summenwert einer Spalte oder Zeile.

absolute Häufigkeiten H

	N	$\overline{N}$	Σ
D			
$\overline{D}$			
Σ			

relative Häufigkeiten h

	N	$\overline{N}$	Σ
D			
$\overline{D}$			
Σ			

b) Man kann die Beurteilung einer beliebigen Person nach den beiden Merkmalspaaren N, $\overline{N}$ und D, $\overline{D}$ als ein zweistufiges Zufallsexperiment auffassen. Je nachdem, welches Merkmalspaar vorrangig betrachtet wird, ergeben sich zwei verschiedene Baumdiagramme, die nachfolgend vorskizziert und zu ergänzen sind:

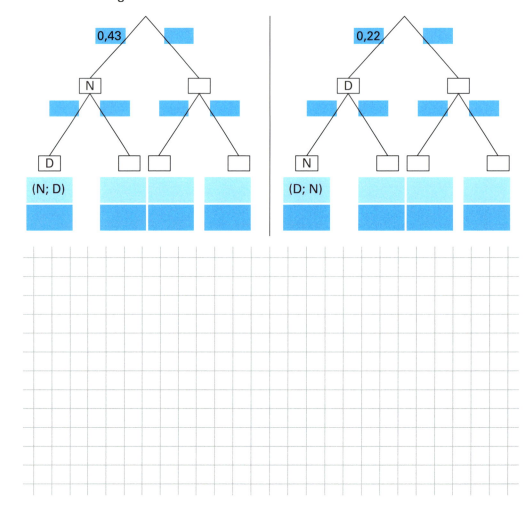

üben

c) Gib die Wahrscheinlichkeiten für die Ereignisse an:
Eine zufällig ausgewählte Person aus der Gruppe ist

(1) eine normalgewichtige Person mit Diabetes. _____

(2) eine übergewichtige Person mit Diabetes. _____

(3) ein Diabetiker mit Normalgewicht. _____

(4) ein Diabetiker mit Übergewicht. _____

2   Eine Steinplatte hat das abgebildete Muster. Mit welcher Wahrscheinlichkeit trifft ein Regentropfen auf den dunklen Bereich (D), bzw. auf den hellen Bereich (H) der Platte?

(1) 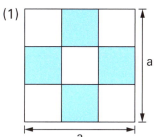   (2) 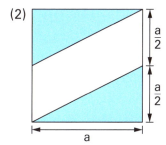   (3)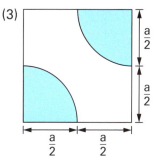

95

können

Klassenarbeit Nr. 9

1 Um mehr Schüler für das Essen in der Schulmensa zu gewinnen, führt das Küchenteam eine Umfrage nach dem Lieblingsessen durch. Das Ergebnis wurde in einer (unvollständigen) Tabelle festgehalten.

Essen	Nudeln	Pizza	Burger	sonstige
absolute Häufigkeit H			150	
relative Häufigkeit h	$\frac{1}{3}$			$\frac{7}{60}$
h %		30 %		

a) Wie viele Schülerinnen und Schüler wurden befragt? _____

b) Vervollständige die Tabelle.

c) Stelle h % in einem Kreisdiagramm dar.

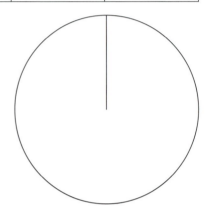

2 Im Biologieunterricht misst eine Gruppe von 13 Schülern den Ruhepuls (Herzschläge pro Minute im Ruhezustand) und notiert die Ergebnisse in einer Liste.

| 43 | 57 | 45 | 55 | 57 | 46 | 48 | 61 | 53 | 51 | 49 | 52 | 45 |

a) Bei der Liste handelt es sich um eine _____.

b) Bestimme die durchschnittliche Ruhepulsfrequenz der Gruppe.

_____

c) Stelle die Ergebnisse in einem Boxplot dar. Bestimme dazu alle nötigen Kenngrößen (Median, unteres Quartil ....

d) Etwas später führt die Gruppe eine erneute Messung durch. Das Ergebnis ist in folgendem Boxplot dargestellt. Beschreibe den Unterschied zwischen den beiden Ergebnissen und finde eine mögliche Erklärung.

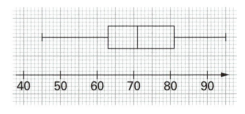

können

3 Für einen fairen Würfel zeigt das Mengendiagramm die beiden Ereignisse A und B an.

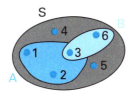

a) Notiere die Ereignisse A und B sowohl in Textform als auch in Mengenschreibweise und bestimme ihre Wahrscheinlichkeiten.

A (Text): _____

A (Menge): A = _____ p(A) = _____

B (Text): _____

B (Menge): B = _____ p(B) = _____

b) Notiere die Gegenereignisse sowohl in Textform als auch in Mengenschreibweise und bestimme ihre Wahrscheinlichkeiten.

$\overline{A}$ (Text): _____

$\overline{A}$ (Menge): A = _____ p($\overline{A}$) = _____

$\overline{B}$ (Text): _____

$\overline{B}$ (Menge): A = _____ p($\overline{B}$) = _____

/6

4 Ein Glücksrad wird gedreht. Nachdem es wieder steht, gewinnt diejenige Zahl X, auf die der Pfeil zeigt.

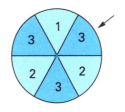

a) Warum stellt das Drehen des abgebildeten Glücksrades ein Zufallsexperiment dar? Warum ist es sogar ein Laplace-Experiment? Bestimme die Wahrscheinlichkeiten für die Gewinnzahlen $x_1 = 1$, $x_2 = 2$ und $x_3 = 3$.

_____

_____

b) Nun wird das nebenstehende Glücksrad gedreht. Liegt auch in diesem Fall ein Laplace-Experiment vor? Bestimme auch hier die Wahrscheinlichkeiten für die Gewinnzahlen $x_1 = 1$, $x_2 = 2$ und $x_3 = 3$.

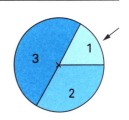

_____

_____

_____

/4

Klassenarbeit Nr. 9

5 Aus einer Urne, die drei gleichartige Kugeln mit den Ziffern 1, 2 und 3 enthält, wird zweimal gezogen. Wird beim ersten Zug eine ungerade Zahl gezogen, so wird die Kugel vor dem zweiten Zug zurückgelegt, bei einer geraden Zahl nicht. Stelle dieses Zufallsexperiment als Baumdiagramm dar.

6 Die langjährige Statistik zeigt, dass die Wahrscheinlichkeit für eine Knabengeburt (K) 0,515 und für eine Mädchengeburt (M) 0,485 beträgt. Familie Meier hat 3 Kinder.
Stelle das Zufallsexperiment „Knaben- oder Mädchengeburt" für die Situation der Familie Meier als Baumdiagramm dar und lies für folgende Ereignisse die entsprechenden Wahrscheinlichkeiten ab.
Mit welcher Wahrscheinlichkeit hat Familie Meier

    a) nur Mädchen? _____

    b) nur Mädchen oder nur Jungen?[1] _____

    c) genau zwei Jungen? _____

    d) höchstens zwei Mädchen? _____

erreichte Punktzahl / 32

---

[1] Hier handelt es sich um die **Vereinigung** zweier Mengen (Symbol: M ∪ J).
   In diesem speziellen Fall gilt: p(M ∪ J) = p(M) + p(J).

Lösungen zu den Seiten 9–11

Kapitel 1: Rechnen mit rationalen Zahlen

Test 1: Eigenschaften rationaler Zahlen
Seite 9

1 a) (1) $\mathbb{N} \subset \mathbb{Z}_0^+$ (2) $\mathbb{Q}^- \supset \mathbb{Z}^-$ (3) $\mathbb{Q}^- \subset \mathbb{Q}$
 (4) $\mathbb{Q}_0^+$ und $\mathbb{Q}_0^-$ haben nur das Element 0 gemeinsam. Hier trifft keines der beiden Zeichen „⊂" und „⊃" zu.

b) (1) $\mathbb{Q} \cap \mathbb{Z} = \mathbb{Z}$ (2) $\mathbb{Z}^- \cup \mathbb{N}_0 = \mathbb{Z}$
 (3) $\mathbb{Q}^- \cup \mathbb{Q}^+ = \mathbb{Q}^*$ (4) $\mathbb{Q}^- \cap \mathbb{N} = \{\ \}$

2
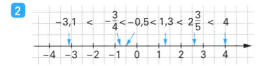

3 a) $1\tfrac{1}{2} > -1{,}5$ b) $-0{,}375 = -\tfrac{3}{8}$
 c) $\tfrac{16}{5} < 3{,}5$ d) $-0{,}01 < -0{,}001$

4 a) {3,5}, denn $3{,}5 = |+3{,}5|$
 b) {3,5}, denn $3{,}5 = |-3{,}5|$
 c) {−3,5; 3,5}, denn $|-3{,}5| = +3{,}5$ und $|+3{,}5| = +3{,}5$
 d) { } (Ein Betrag kann nicht negativ sein.)
 e) {−4,5; 2,5}, denn $|-4{,}5 + 1| = |-3{,}5| = 3{,}5$ und $|2{,}5 + 1| = |3{,}5| = 3{,}5$
 f) {−1,75; 1,75}, denn $|2 \cdot (-1{,}75)| = |-3{,}5| = 3{,}5$ und $|2 \cdot 1{,}75| = |3{,}5| = 3{,}5$

Test 2: Addition und Subtraktion
Seite 10

1 a) Zwei rationale Zahlen mit gleichen Vorzeichen werden addiert, indem man ihre Beträge addiert und die Summe mit dem gemeinsamen Vorzeichen versieht.
b) Zwei rationale Zahlen mit ungleichen Vorzeichen werden addiert, indem man den kleineren vom größeren Betrag subtrahiert und die Differenz mit dem Vorzeichen der Zahl mit dem größeren Betrag versieht.
c) Eine rationale Zahl wird subtrahiert, indem man ihre Gegenzahl addiert.

2 a) $\left(+6\tfrac{3}{4}\right) + \left(+2\tfrac{1}{2}\right) = \left(6\tfrac{3}{4} + 2\tfrac{2}{4}\right) = +8\tfrac{5}{4} = +9\tfrac{1}{4}$
b) $(+4{,}25) + (-5{,}4) = -(5{,}4 - 4{,}25) = -1{,}15$
c) $\left(-8\tfrac{5}{9}\right) - \left(+2\tfrac{1}{6}\right) = \left(-8\tfrac{10}{18}\right) + \left(-2\tfrac{3}{18}\right)$
$= -\left(8\tfrac{10}{18} + 2\tfrac{3}{18}\right) = -10\tfrac{13}{18}$
d) $(-5{,}9) + (-4{,}06) = -(5{,}9 + 4{,}06) = -9{,}96$
e) $\left(-3\tfrac{1}{4}\right) + \left(+4\tfrac{2}{5}\right) = +\left(4\tfrac{8}{20} - 3\tfrac{5}{20}\right) = +1\tfrac{3}{20}$
f) $(-0{,}85) - (-2{,}6) = (-0{,}85) + (+2{,}6)$
$= +(2{,}6 - 0{,}85) = +1{,}75$

3 a) $(+1{,}5) + (-3) = -(3 - 1{,}5) = -1{,}5$
$(+1{,}5) - (+3) = (+1{,}5) + (-3) = -1{,}5$

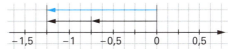

b) $(-0{,}75) + (-0{,}5) = -(0{,}75 + 0{,}5) = -1{,}25$
$(-0{,}75) - (+0{,}5) = (-0{,}75) + (-0{,}5) = -1{,}25$

4 Rechenvorteile ergeben sich durch Kommutativgesetz (KG) und/oder Assoziativgesetz (AG):
a) $8{,}4 + (3{,}9 + 2{,}6)$
 KG AG
 $= 8{,}4 + (2{,}6 + 3{,}9) = (8{,}4 + 2{,}6) + 3{,}9$
 $= 11 + 3{,}9 = 14{,}9$
b) $7{,}6 + (8{,}2 - 2{,}6)$
 KG
 $= 7{,}6 + ((-2{,}6) + 8{,}2)$
 AG
 $= (7{,}6 + (-2{,}6)) + 8{,}2 = (7{,}6 - 2{,}6) + 8{,}2$
 $= 5 + 8{,}2 = 13{,}2$

Test 3: Multiplikation und Division
Seite 11

1 a) Wenn zwei rationale Zahlen mit gleichen Vorzeichen multipliziert werden, dann hat ihr Produkt ein positives Vorzeichen.
b) Man dividiert zwei rationale Zahlen, indem man zunächst ihre Beträge dividiert. Das Vorzeichen des Quotienten wird dann sinngemäß wie bei der Multiplikation bestimmt.

2 a) $(-42{,}5) : (+25) = -(42{,}5 : 25) = -1{,}7$
b) $\left(+\tfrac{3}{8}\right) \cdot \left(+\tfrac{4}{9}\right) = +\tfrac{\overset{1}{\cancel{3}} \cdot \overset{1}{\cancel{4}}}{\underset{2}{\cancel{8}} \cdot \underset{3}{\cancel{9}}} = +\tfrac{1}{6}$
c) $(-0{,}36) : (-1{,}8) = +(0{,}36 : 1{,}8) = +0{,}2$
d) $\left(+2\tfrac{4}{7}\right) : \left(-\tfrac{3}{14}\right) = -\left(\tfrac{18}{7} \cdot \tfrac{14}{3}\right) = -\tfrac{\overset{6}{\cancel{18}} \cdot \overset{2}{\cancel{14}}}{\underset{1}{\cancel{7}} \cdot \underset{1}{\cancel{3}}} = -12$

3 a) $A = \tfrac{1}{2} \cdot (1{,}2\,\text{dm} \cdot 0{,}9\,\text{dm})$
 $= 0{,}54\,\text{dm}^2 = 0{,}0054\,\text{m}^2 = 54\,\text{cm}^2$
b) $A = 2\tfrac{4}{5}\,\text{cm} \cdot 5\tfrac{5}{7}\,\text{cm} = \tfrac{\overset{2}{\cancel{14}} \cdot \overset{8}{\cancel{40}}}{\underset{1}{\cancel{5}} \cdot \underset{1}{\cancel{7}}}\,\text{cm}^2$
 $= 16\,\text{cm}^2 = 0{,}0016\,\text{m}^2 = 1600\,\text{mm}^2$

4 a) $(2{,}9 - 4{,}7) \cdot (6{,}3 \cdot 2{,}1)$
$= -(4{,}7 - 2{,}9) \cdot 13{,}23$
$= -1{,}8 \cdot 13{,}23 = -23{,}814$
b) $(8{,}1 : 0{,}9) : (3{,}8 + 7{,}2) = 9 : 11 = 0{,}\overline{81}$
c) $(6{,}6 - 4{,}8) : (3 \cdot (3{,}1 + 8{,}9))$
$= 1{,}8 : (3 \cdot 12) = 1{,}8 : 36 = 0{,}05$

99

Lösungen zu den Seiten 12–14

Test 4: Aufgaben für Experten — Seite 12

1 Tabelle siehe unten.

2 a) $\dfrac{7,6 - (-6,2)}{(-2,3)\cdot(4,2 + (3 - 5,2))}$

$= \dfrac{7,6 + 6,2}{(-2,3)\cdot(4,2 - 2,2)} = \dfrac{13,8}{(-2,3)\cdot 2} = \dfrac{13,8}{-4,6} = -3$

b) $\dfrac{\frac{1}{3}\cdot\frac{-2}{5} + \frac{7}{10}}{-\frac{3}{4}\cdot\frac{9}{8}}$

$= \dfrac{-\frac{2}{15} + \frac{7}{10}}{-\frac{3}{4}\cdot\frac{8}{9}} = \dfrac{-\frac{4}{30} + \frac{21}{30}}{-\frac{2}{3}} = \dfrac{\frac{17}{30}}{-\frac{2}{3}} = \dfrac{17}{30}\cdot\left(-\dfrac{3}{2}\right) = -\dfrac{17}{20}$

3 Die Zahlenmenge $\mathbb{Q}$ ist dicht, also kann zu zwei rationalen Zahlen $a, b \in \mathbb{Q}$ stets der Mittelwert berechnet werden, der ja das Intervall von a bis b halbiert.

a) Mittelwerte: $0,5\cdot(1,12 + 1,2) = 1,16$;
$0,5\cdot(1,12 + 1,16) = 1,14$;
$0,5\cdot(1,16 + 1,2) = 1,18$
Geordnete Zahlenreihe:
$1,12 < 1,14 < 1,16 < 1,18 < 1,2$

b) Mittelwerte:
$0,5\cdot\left(\dfrac{4}{5} + \dfrac{9}{10}\right) = 0,5\cdot\left(\dfrac{8}{10} + \dfrac{9}{10}\right) = 0,5\cdot\dfrac{17}{10} = \dfrac{17}{20}$

$0,5\cdot\left(\dfrac{4}{5} + \dfrac{17}{20}\right) = 0,5\cdot\left(\dfrac{16}{20} + \dfrac{17}{20}\right) = 0,5\cdot\dfrac{33}{20} = \dfrac{33}{40}$

$0,5\cdot\left(\dfrac{17}{20} + \dfrac{9}{10}\right) = 0,5\cdot\left(\dfrac{17}{20} + \dfrac{18}{20}\right)$

$= 0,5\cdot\dfrac{35}{20} = \dfrac{35}{40} = \dfrac{7}{8}$

Geordnete Zahlenreihe:
$\dfrac{4}{5} < \dfrac{33}{40} < \dfrac{17}{20} < \dfrac{7}{8} < \dfrac{9}{10}$

4 a) $(-2,5)^2 \cdot (-2,5)^5 : (-2,5)^3$
$= (-2,5)^{2+5-3} = (-2,5)^4 = (-2,5)^{2+2}$
$= (-2,5)^2 \cdot (-2,5)^2 = 6,25^2 = 39,0625$
Der Beweis erfolgt durch folgende einfache Umformung:
$1 = a^n : a^n = a^{n-n} = a^0$

b) $\left(\dfrac{6}{7}\right)^8 \cdot \left(\dfrac{7}{10}\right)^8 : \left(\dfrac{3}{5}\right)^8 = \left(\dfrac{6}{7}\cdot\dfrac{7}{10}:\dfrac{3}{5}\right)^8 = \left(\dfrac{6\cdot7\cdot5}{7\cdot10\cdot3}\right)^8$
$= 1^8 = 1$
Der Beweis erfolgt, indem der Ausdruck $a^n \cdot a^n$ auf zwei verschiedene Weisen umgeformt wird:
(1) $a^n \cdot a^n = a^{n+n} = a^{2n}$ und
(2) $a^n \cdot a^n = (a\cdot a)^n = (a^2)^n$.
Der Vergleich von (1) und (2) führt dann zwingend auf die Gleichung $(a^2)^n = a^{2\cdot n}$.

Klassenarbeit Nr. 1 — Seite 13–14

Falls nicht anders angegeben, gibt es für jede Teilaufgabe bzw. jeden Teilschritt einen Punkt.

1 a) falsch; mögliches Gegenbeispiel:
$4,5 + (-2,5) = +2$.

b) wahr; wenn zwei verschiedene Zahlen den gleichen Betrag haben, handelt es sich um Gegenzahlen und deren Produkt ist immer negativ.

c) wahr

d) falsch; mögliches Gegenbeispiel:
$-1,2 - (-3,2) = -1,2 + 3,2 = +2$.
$\left(|-3,2| = 3,2 > |-1,2| = 1,2\right)$

2 a) $(-0,7)\cdot(4,1 - 2,5)$
$= -0,7\cdot4,1 + 0,7\cdot2,5$
$= -2,87 + 1,75 = -1,12$

b) $(-6,4 + 0,48) : (-1,6)$
$= 6,4:1,6 - 0,48:1,6 = 4 - 0,3 = 3,7$

c) $\left(-2\dfrac{1}{2} - 1\dfrac{1}{4}\right)\cdot\dfrac{4}{5} = -\dfrac{5}{2}\cdot\dfrac{4}{5} - \dfrac{5}{4}\cdot\dfrac{4}{5} = -2 - 1 = -3$

3 a) (1) $\mathbb{Z}^* \subset \mathbb{Q}^*$ (2) $\mathbb{N} \subset \mathbb{Q}_0^+$
(3) $\mathbb{Q}^- \supset \mathbb{Z}^-$ (4) $\mathbb{Z}_0^- \subset \mathbb{Q}_0^-$

b) (1) $-12,00 \in \mathbb{Z}$ (2) $2,5 \notin \mathbb{N}$
(3) $-3\dfrac{1}{2} \in \mathbb{Q}$ (4) $0 \notin \mathbb{Q}^-$

4 a)   (2 P.)

b)   (2 P.)

5 a) $-0,28\cdot2,9 - 2,9\cdot3,42$
$= 2,9\cdot(-0,28 - 3,42) = 2,9\cdot(-3,7) = -10,73$

b) $-3\dfrac{2}{3}:1\dfrac{5}{7} - 2\dfrac{1}{3}:1\dfrac{5}{7}$
$= \left(-3\dfrac{2}{3} - 2\dfrac{1}{3}\right):1\dfrac{5}{7} = -6:1\dfrac{5}{7} = -6\cdot\dfrac{7}{12} = -\dfrac{7}{2}$
$= -3\dfrac{1}{2}$

6 $\left(9\dfrac{1}{4} + \left(-1\dfrac{3}{4}\right)\right):(-1,2 - (-3,7))$
$= \left(9\dfrac{1}{4} - 1\dfrac{3}{4}\right):(-1,2 + 3,7) = 7\dfrac{1}{2}:2,5$
$= 7,5:2,5 = 3$

7 $1\dfrac{5}{39}\cdot2\dfrac{4}{11} + (-2,8):0,8 = \dfrac{\overset{4}{\cancel{44}}}{\underset{3}{\cancel{39}}}\cdot\dfrac{\overset{2}{\cancel{26}}}{\underset{1}{\cancel{11}}} - 28:8$

$= \dfrac{4\cdot2}{3\cdot1} - 3,5 = \dfrac{8}{3} - \dfrac{7}{2} = \dfrac{16}{6} - \dfrac{21}{6} = -\left(\dfrac{21}{6} - \dfrac{16}{6}\right) = -\dfrac{5}{6}$

25–21 Punkte	20–13 Punkte	12–0 Punkte
Super!	In Ordnung!	Bitte noch einmal üben!

zu Test 4, Aufgabe 1:

...	−3	−2	−1	$\dfrac{\leftarrow p \rightarrow}{q \downarrow}$	0	1	2	3	...
...	$\frac{-3}{1} = -3$	$\frac{-2}{1} = -2$	$\frac{-1}{1} = -1$	1	$\frac{0}{1} = 0$	$\frac{1}{1} = 1$	$\frac{2}{1} = 2$	$\frac{3}{1} = 3$	...
...	$\frac{-3}{2} = -1\frac{1}{2}$	$\frac{-2}{2} = -1$	$\frac{-1}{2}$	2	$\frac{0}{2} = 0$	$\frac{1}{2}$	$\frac{2}{2} = 1$	$\frac{3}{2} = 1\frac{1}{2}$	...
...	$\frac{-3}{3} = -1$	$\frac{-2}{3}$	$\frac{-1}{3}$	3	$\frac{0}{3} = 0$	$\frac{1}{3}$	$\frac{2}{3}$	$\frac{3}{3} = 1$	...
...	$\frac{-3}{4}$	$\frac{-2}{4} = -\frac{1}{2}$	$\frac{-1}{4}$	4	$\frac{0}{4} = 0$	$\frac{1}{4}$	$\frac{2}{4} = \frac{1}{2}$	$\frac{3}{4}$	...
	$\vdots$	$\vdots$	$\vdots$	$\vdots$	$\vdots$	$\vdots$	$\vdots$	$\vdots$	

Anm.: Steht ein Minus im Zähler oder Nenner, kann es auch vor den Bruch geschrieben werden: $\dfrac{-3}{2} = -\dfrac{3}{2} = \dfrac{3}{-2}$

Lösungen zu den Seiten 19–20

Kapitel 2: Prozent- und Zinsrechnung

Test 1: Prozent- und Zinsrechnung
Seite 19

1 a) $\frac{1}{5} < 23\%$ b) $\frac{4}{5} = 80\%$ c) $32\% < \frac{4}{12}$

d) $69\% = 0,69$ e) $123\% > 1\frac{2}{9}$

2

	a)	b)	c)	d)	e)
p	10	25	20	250	0,5
W	260	0,3	0,8	12,5	0,07
G	2600	1,2	4	5	14

a) $W = \frac{p}{100} \cdot G = \frac{10}{100} \cdot 2600 = 260$

b) $p = 100 \cdot \frac{W}{G} = 100 \cdot \frac{0,3}{1,2} = 25$

c) $G = \frac{100}{p} \cdot W = \frac{100}{20} \cdot 0,8 = 4$

d) $p = 100 \cdot \frac{W}{G} = 100 \cdot \frac{12,5}{5} = 250$

e) $W = \frac{p}{100} = \frac{0,5}{100} \cdot 14 = 0,07$

Die farbig hervorgehobenen Zahlen bieten Vorteile beim Kopfrechnen.

3 a) $G = 0,4\,t = 400\,kg; \ W = 216\,kg$

$\Rightarrow p = 100 \cdot \frac{W}{G} = 100 \cdot \frac{216}{400} = 54; \ p\% = 54\%$

b) $W = 3,25\,€; \ p\% = 42,6\%$

$\Rightarrow G = \frac{100}{p} \cdot W = \frac{100}{42,6} \cdot 3,25 = 7,629\ldots;$

$G \approx 7,63\,€$

c) $p\% = 138\%; \ G = 50\,min$

$\Rightarrow W = \frac{p}{100} \cdot G = \frac{138}{100} \cdot 50 = 69;$

$W = 1\,h\ 9\,min$

d) $W = 615\,cm^3 = 0,615\,dm^3 = 0,615\,\ell;$
$G = 3,2\,\ell$

$\Rightarrow p = 100 \cdot \frac{W}{G} = 100 \cdot \frac{0,615}{3,2} = 19,21\ldots;$

$p\% \approx 19,2\%$

4

	a)	b)	c)	d)	e)
p	5,5	4	2,5	7,5	5
Z (€)	22	80	15	225	11,25
K (€)	400	2000	600	3000	225

a) $Z = \frac{p}{100} \cdot K = \frac{5,5}{100} \cdot 400 = 22$

b) $K = \frac{100}{p} \cdot Z = \frac{100}{4} \cdot 80 = 2000$

c) $p = 100 \cdot \frac{Z}{K} = 100 \cdot \frac{15}{600} = 2,5$

d) $K = \frac{100}{p} \cdot Z = \frac{100}{7,5} \cdot 225 = 3000$

e) $p = 100 \cdot \frac{Z}{K} = 100 \cdot \frac{11,25}{225} = 5$

5 a) Jahreszinsen:
$Z = 4374,49\,€ - 4230,65\,€ = 143,84\,€$

Zinsszahl: $p = 100 \cdot \frac{Z}{K} = 100 \cdot \frac{143,84}{4230,65} \approx 3,4$

Das Kapital wird mit 3,4 % verzinst.

b) Die Darlehenssumme beträgt

$K = \frac{100}{p} \cdot Z = \frac{100}{7,8} \cdot 351 = 4500\,€.$

Rückzahlungsbetrag:
$K + Z = 4500\,€ + 351\,€ = 4851\,€$

Test 2: Zeitanteilige Zinsen, Zinseszinsen
Seite 20

1 a) $Z_m = \frac{p}{100} \cdot K \cdot \frac{m}{12} = \frac{3,4}{100} \cdot 3750 \cdot \frac{2}{12} = 21,25\,€$

b) Anlagedauer: $m = 6$ Monate
$Z_m = \frac{p}{100} \cdot K \cdot \frac{m}{12} = \frac{3,8}{100} \cdot 3750 \cdot \frac{6}{12} = 71,25\,€$

2 a) $Z_t = \frac{p}{100} \cdot K \cdot \frac{t}{360} = \frac{2,3}{100} \cdot 6480 \cdot \frac{56}{360} \approx 23,18\,€$

b) Anlagedauer:
$t = 16 + 3 \cdot 30 + 9 = 115$ Tage;
$Z_t = \frac{p}{100} \cdot K \cdot \frac{t}{360} = \frac{2,6}{100} \cdot 6480 \cdot \frac{115}{360} = 53,82\,€$

c) 1. Zeitraum: 8. 10. – 31. 12
$\stackrel{\wedge}{=} 22 + 2 \cdot 30 = 82$ Tage;
$Z_{t1} = \frac{p}{100} \cdot K \cdot \frac{t}{360} = \frac{2,6}{100} \cdot 6480 \cdot \frac{82}{360} = 38,38\,€$
2. Zeitraum: 1. 1. – 3. 2.
$\stackrel{\wedge}{=} 30 + 3 = 33$ Tage;
$Z_{t2} = \frac{p}{100} \cdot K \cdot \frac{t}{360} = \frac{2,6}{100} \cdot (6480 + 38,38) \cdot \frac{33}{360}$
$= 15,54\,€$
Gesamter Zeitraum: $82 + 33 = 115$ Tage;
Gesamtzinsen:
$Z_{t1} + Z_{t2} = 38,38\,€ + 15,54\,€ = 53,92\,€$

d) in b) und c) wird **dasselbe Guthaben** (K = 6480 €) zum **gleichen Zinssatz** (p = 2,6 %) für **dieselbe Dauer** (115 Tage) angelegt. Dennoch ergibt sich in c) ein um 0,10 € höherer Zinsertrag, weil hier die Zwischenzinsen (Z_{t1} = 38,38 €) dem **Zinseszinseffekt** unterliegen.

3 1. Möglichkeit:
$K_5 = K_0 \cdot q\,5 = 1680\,€ \cdot 1,045^5 \approx 2093,59\,€;$
$W = 2093,59\,€ - 1680\,€ = 413,59\,€;$

$p\% = \frac{W}{G} = \frac{413,59\,€}{1680\,€} \approx 0,25 = 25\%.$

Das Kapital vergrößert sich also um 25%.
2. Möglichkeit:
Man rechnet nur den sogenannten Zinsfaktor q für die 5 Jahre aus und liest daraus den kompletten prozentualen Zuwachs ab:
$1,045^5 \approx 1,25 = 125\%.$
Da G 100% entspricht, muss sich das Kapital um 25% erhöht haben.

4 Bekannt: $K_0 = 500\,€, \ K_8 = 1000\,€, \ n = 8;$
gesucht: q.
$1000\,€ = 500\,€ \cdot q^8 \ |:500\,€ \ \Leftrightarrow \ 2 = q^8$
$\Rightarrow q = \sqrt[8]{2} \approx 1,09.$ Du müsstest einen Zinssatz von 9% bekommen. Hinweis: die 8. Wurzel kannst du ziehen, indem du dreimal hintereinander die „normale" Wurzel (2. Wurzel) ziehst, oder du schaust, ob dein Taschenrechner eine Taste für beliebige Wurzel hat.

101

Lösungen zu den Seiten 21–22

Test 3: Aufgaben für Experten   Seite 21

1 Flächeninhalt von Quadrat (Q) , Dreieck (D) und Kreis (K)

a) $A_Q = (2a)^2 = 4a^2$; $A_D = 0,5 \cdot 2a \cdot 2a = 2a^2$;

$p = 100 \cdot \frac{W}{G} = 100 \cdot \frac{2a^2}{4a^2} = 100 \cdot \frac{2}{4} = 50$

$\Rightarrow$ $p\% = 50\%$

b) $A_Q = (2a)^2 = 4a^2$; $A_K = \pi \cdot a^2$;

$p = 100 \cdot \frac{W}{G} = 100 \cdot \frac{\pi a^2}{4a^2} = 100 \cdot \frac{\pi}{4} = 78,53\ldots$

$\Rightarrow$ $p\% \approx 78,5\%$

c) $A_K = \pi \cdot a^2$; $A_Q = 4 \cdot (0,5 \cdot a \cdot a) = 2a^2$;

$p = 100 \cdot \frac{W}{G} = 100 \cdot \frac{2a^2}{\pi a^2} = 100 \cdot \frac{2}{\pi} = 63,66\ldots$

$\Rightarrow$ $p\% \approx 63,7\%$

Hinweis: Die Länge a beeinflusst in keinem Fall das Ergebnis, denn der Term a^2 tritt jeweils im Zähler und im Nenner auf und kann gekürzt werden.

2 **A-Bank:** Darlehenssumme: $K = 8000\,€$

Jahreszinsen: $Z = \frac{p}{100} \cdot K = \frac{6,25}{100} \cdot 8000 = 500\,€$

Tilgung: $K^* = \frac{102}{100} \cdot K = \frac{102}{100} \cdot 8000 = 8160\,€$

Darlehenskosten:

$x = (Z + K^*) - K = 8660\,€ - 8000\,€ = 660\,€$

eff. Zinssatz: $p_A^* = 100 \cdot \frac{x}{K} = 100 \cdot \frac{660}{8000} = 8,25$;

$p_A^* \% = 8,25\%$

B-Bank: Darlehenssumme (es werden nur 98 % ausbezahlt, um 8000 € zu bekommen muss Herr Eng also mehr aufnehmen):

$K = \frac{100}{98} \cdot 8000 = 8163,27\,€$

Jahreszinsen:

$Z = \frac{p}{100} \cdot K^* = \frac{6}{100} \cdot 8163,27 = 489,80\,€$

Tilgung: $K^* = 8163,27\,€$;

Darlehenskosten:

$x = (Z + K^*) - K = 8653,07\,€ - 8000\,€$

$= 653,07\,€$

eff. Zinssatz:

$p_B^* = 100 \cdot \frac{x}{K} = 100 \cdot \frac{653,07}{8000} = 8,16$

$p_B^* \% = 8,16\%$; $p_B^* < p_A^*$

$\Rightarrow$ Die B-Bank ist um $8,25\% - 8,16\%$

$= 0,09\%$ günstiger.

3 Die Kosten der Ratenzahlung ($\triangleq$ Zinsen) betragen

$Z = 12 \cdot 79\,€ - 899\,€ = 948\,€ - 899\,€ = 49\,€$,

das entspricht einem Zinssatz von

$p = 100 \cdot \frac{Z}{K} = 100 \cdot \frac{49}{899} = 5,45 \Rightarrow$ $p\% = 5,45\%$.

Die Kosten des Verbraucherkredits sind mit $p\% = 5\% + 1\% = 6\%$ höher.

Aufgrund des niedrigeren Zinssatzes sollte sich Herr Knapp für die Ratenzahlung entscheiden. Diesem Vorteil steht allerdings der Nachteil gegenüber, dass er mit den Ratenzahlungen **kontinuierlich** Zins- und Tilgungsdienst leisten muss, während diese Leistungen beim Verbraucherkredit erst am Ende der Laufzeit fällig werden.

4 a) Frau Klug wird sich für dasjenige Bankangebot entscheiden, das ihr nach vier Jahren zu einem höheren Endkapital K_4 verhilft.

A-Bank: $K_4 = K_0 \cdot q^n = 5000 \cdot \left(1 + \frac{5,5}{100}\right)^4$

$= 5000 \cdot 1,238825 = 6\,194,12\,€$

B-Bank: Für jedes Anlagejahr muss ein passender Zinsfaktor gebildet werden.

$K_4 = K_0 \cdot q_1 \cdot q_2 \cdot q_3 \cdot q_4$

$= 5000 \cdot \left(1 + \frac{2}{100}\right) \cdot \left(1 + \frac{5}{100}\right) \cdot \left(1 + \frac{7}{100}\right)$

$\cdot \left(1 + \frac{8}{100}\right)$

$= 5000 \cdot 1,237648$

$= 6188,24\,€ < 6194,12\,€$

Angebot A ist besser.

b) Der durchschnittliche Zinssatz $\overline{p}$ führt auf dasselbe Endkapital K_4, wie die tatsächlich ansteigenden Zinssätze.

Mit $\overline{q} = 1 + \frac{\overline{p}}{100}$ folgt:

$K_0 \cdot \overline{q}^4 = K_0 \cdot q_1 \cdot q_2 \cdot q_3 \cdot q_4 \ | : K_0$

$\Leftrightarrow$ $\overline{q}^4 = q_1 \cdot q_2 \cdot q_3 \cdot q_4$

$\Rightarrow$ $\overline{q} = \sqrt[4]{q_1 \cdot q_2 \cdot q_3 \cdot q_4}$

Hinweis: Du berechnest die 4. Wurzel, indem du auf dem Taschenrechner zweimal hintereinander die 2. Wurzel eingibst:

$q = \sqrt[4]{1,02 \cdot 1,05 \cdot 1,07 \cdot 1,08} = \sqrt[4]{1,237648}$

$\approx 1,05475 \Leftrightarrow \overline{p}\% = 5,475\%$

Klassenarbeit Nr. 2   Seite 22–24

Falls nicht anders angegeben, gibt es für jede Teilaufgabe bzw. jeden Teilschritt einen Punkt.

1 a) 25% b) 12% c) $24,5\%$ d) $0,3\%$

(je 0,5 P.)

2 < 5 J.: $W = \frac{p}{100} \cdot G = \frac{27,8}{100} \cdot 90 = 25,02 \approx 25$

< 10 J.: $W = \frac{p}{100} \cdot G = \frac{42,2}{100} \cdot 90 = 37,98 \approx 38$

< 15 J.: $W = \frac{p}{100} \cdot G = \frac{21,1}{100} \cdot 90 = 18,99 \approx 19$

< 20 J.: $W = \frac{p}{100} \cdot G = \frac{8,9}{100} \cdot 90 = 8,01 \approx 8$

Hinweis: Runde auf eine natürlichen Zahl, eine Anzahl von Personen muss eine natürliche Zahl sein. Probe: $25 + 38 + 19 + 8 = 90$.

3 a) $1000\,mg = 1\,g \Rightarrow 190\,mg = \frac{190}{1000}\,g = 0,19\,g$

$p = 1000 \cdot \frac{W}{G} = 1000 \cdot \frac{0,19}{100} = 1,9$

$p = 1000 \cdot \frac{W}{G} = 1000 \cdot \frac{0,053}{100} = 0,53$

$p = 1000 \cdot \frac{W}{G} = 1000 \cdot \frac{0,02}{100} = 0,2$

$p = 1000 \cdot \frac{W}{G} = 1000 \cdot \frac{0,012}{100} = 0,12$

Vitamin-C-Gehalt je 100 g Obst		
Johannisbeere	190 mg	1,9‰
Zitrone/Orange	53 mg	0,53‰
Ananas	20 mg	0,2‰
Banane	12 mg	0,12‰

Lösungen zu den Seiten 22–28

b) Die vier Obstsorten tragen so zum Vitamin C-Gehalt der Portion bei:
Johannisbeere:

$W = \frac{p}{1000} \cdot G = \frac{1,9}{1000} \cdot 20 = 0,038\,g = 38\,mg$

Zitrone/Orange: 5,3 mg; Ananas: 12 mg;
Banane: 6 mg
Die Schale enthält
38 mg + 5,3 mg + 12 mg + 6 mg = 61,3 mg
Vitamin C.
Das sind $p = 100 \cdot \frac{W}{G} = 100 \cdot \frac{61,3}{100} = 61,3$;
also 61,3 % des Tagesbedarfs.

4 a)

Kapital in €	400	650	2570
Zinssatz	2,5 %	3 %	5,75 %
Jahreszinsen in €	10	19,5	147,78

b)

Kapital in €	1200	3860	12900
Zinssatz	3,5 %	4,7 %	6,25 %
Zeitanteilige Zinsen in €	7,58	105,83	324,74
Zeitraum	65 Tage	7 Monate	145 Tage

(je 0,5 P.)

5 a) Die angegebenen Preise sind die reduzierten Preise und entsprechen jeweils 70 % der ursprünglichen Preise.
Mallorca: W = 199;
p % = 100 % − 30 % = 70 %;
$G = \frac{100}{p} \cdot W = \frac{100}{70} \cdot 199 = 284,29$
⇒ ca. 284 €
Kreta: W = 299; p % = 70 %;
$G = \frac{100}{p} \cdot W = \frac{100}{70} \cdot 299 = 427,14$
⇒ ca. 427 €
Djerba: W = 499; p % = 70 %;
$G = \frac{100}{p} \cdot W = \frac{100}{70} \cdot 499 = 712,86$
⇒ ca. 713 €

b) Du musst den Preisnachlass
W = 2665 € − 1599 € = 1066 € als Prozentwert auf den ursprünglichen Preis
G = 2665 € beziehen.
$p = 100 \cdot \frac{W}{G} = 100 \cdot \frac{1066}{2665} = 40$
⇒ p % = 40 %.

6 a) Bank A:
$K_4 = K_0 \cdot q^4 = 2500 \cdot 1,0325^4 \approx 2841,19\,€$
Bank B:
$K_4 = K_0 \cdot q_1 \cdot q_2 \cdot q_3 \cdot q_4$
$= 2500 \cdot 1,022 \cdot 1,028 \cdot 1,035 \cdot 1,04$
$\approx 2827,21\,€ < 2841,19\,€$
Nico sollte sich also für die Bank A entscheiden.

b) Bank A:
$K_6 = K_0 \cdot q_1^4 \cdot q_2^2 = 2500 \cdot 1,0325^4 \cdot 1,04^2$
$\approx 3073,03\,€$

Bank B:
$K_6 = K_0 \cdot q_1 \cdot q_2 \cdot q_3 \cdot q_4 \cdot q_5 \cdot q_6$
$= 2500 \cdot 1,022 \cdot 1,028 \cdot 1,035 \cdot 1,04$
$\quad \cdot 1,045 \cdot 1,05$
$\approx 3102,15\,€.$
Da sich Nico ursprünglich für Bank A entschieden hatte, bekommt er nun etwas weniger Zinsen, als es bei Bank B möglich gewesen wäre. Der Unterschied beträgt 3102,15 € − 3073,03 € = 29,12 €.

30–26 Punkte	25–15 Punkte	14–0 Punkte
Super!	In Ordnung!	Bitte noch einmal üben!

Kapitel 3: Terme

Test 1: Terme bilden und berechnen
Seite 27

1 a) $2x - 3$ b) $5x + x^2$ c) $x^2 : (x - 7)$

2 Setze jeweils die Zahlen aus der Grundmenge der Reihe nach für die Variable des Terms ein und berechne ihn dann.

a) $5 \cdot (-3) - 3,5 = -18,5$;
$5 \cdot 0 - 3,5 = -3,5$; $5 \cdot \frac{1}{2} - 3,5 = -1$

b) $2 \cdot (-2)^2 + (-2) : 2 = 7$;
$2 \cdot (-1,5)^2 + (-1,5) : 2 = 3,75$;
$2 \cdot \left(\frac{1}{2}\right)^2 + \frac{1}{2} : 2 = 0,75$

3 a) (1) $u = 2 \cdot 3x + 2 \cdot 1,5y = 6x + 3y$;
$A = 3x \cdot 1,5y = 4,5xy$
(2) $u = 2a + s + s = 2a + 2s$;
$A = \frac{1}{2} \cdot 2a \cdot h = a \cdot h$
(3) $u = 2\pi \cdot r$; $A = \pi \cdot r^2$
(Die Kreiszahl $\pi = 3,14159\ldots$ ist nicht rational, d. h. $\pi \notin \mathbb{Q}$)

b) (1) $u = 6 \cdot 17\,cm + 3 \cdot 12\,cm$
$\quad = 102\,cm + 36\,cm = 138\,cm$;
$A = 4,5 \cdot 17\,cm \cdot 12\,cm = 918\,cm^2$
(2) $u = 2 \cdot 1,8\,dm + 2 \cdot 3\,dm$
$\quad = 3,6\,dm + 6\,dm = 9,6\,dm$;
$A = 1,8\,dm \cdot 2,4\,dm = 4,32\,dm^2$
(3) $u = 2 \cdot 3,14 \cdot 2,75\,m = 17,27\,m$;
$A \approx 3,14 \cdot (2,75\,m)^2 \approx 23,75\,m^2$
Merke: Nimm für Kreisberechnungen den Näherungswert $\pi \approx 3,14$.

Test 2: Summen- und Potenzterme
Seite 28

1 a) $(x + 3) \cdot 3x = 3x^2 + 9x$
b) $(x^2 - 2,5x) : 0,5x = x^2 : 0,5x - 2,5x : 0,5x$
$\quad = 2x - 5$

103

Lösungen zu den Seiten 28–30

2 a) $-3{,}2xy \cdot (-4{,}6ax + 5{,}4by)$
$= 14{,}72ax^2y - 17{,}28bxy^2$

b) $(9{,}6u^4v^3 - 14{,}4u^5v^4 + 12u^3v^3) : (-2{,}4u^3v)$
$= -4uv^2 + 6u^2v^3 - 5v^2$

c) $\frac{3}{4}a^2x \cdot (a^2x + x^4) - \frac{5}{6}ax^2 \cdot (a^3 - ax^3)$
$= \frac{3}{4}a^4x^2 + \frac{3}{4}a^2x^5 - \frac{5}{6}a^4x^2 + \frac{5}{6}a^2x^5$
$= \left(\frac{3}{4} - \frac{5}{6}\right)a^4x^2 + \left(\frac{3}{4} + \frac{5}{6}\right)a^2x^5$
$= -\frac{1}{12}a^4x^2 + 1\frac{7}{12}a^2x^5$

d) $(3{,}6b^4p^3z^3 - 1{,}8b^3p^5z^2) : (0{,}6b^2p^2)$
$-\left(1\frac{1}{2}b^5pz^5 - 2\frac{3}{4}b^4p^3z^4\right) : \left(-\frac{1}{4}b^3z^2\right)$
$= 6b^2pz^3 - 3bp^3z^2 + 6b^2pz^3 - 11bp^3z^2$
$= (6+6)b^2pz^3 - (3+11)bp^3z^2$
$= 12b^2pz^3 - 14bp^3z^2$

3 a) $1{,}5x^4 - 4{,}5x^2 + 6x^3 = 1{,}5x^2 \cdot (x^2 - 3 + 4x)$

b) $6a^3b^2 - 4a^2b^4 = 2a^2b^2 \cdot (3a - 2b^2)$

c) $-2{,}4a^5p^4w^3 + 4{,}2a^3p^5w^4 - 1{,}8a^4p^3w^5$
$= -0{,}6a^3p^3w^3 \cdot (4a^2p - 7p^2w + 3aw^2)$

Test 3: Binomische Formeln — Seite 29

1 a) $(2x + 5)^2 = 4x^2 + 20x + 25$

b) $(n + 1) \cdot (n - 1) = n^2 - 1$

c) $(4{,}5x - 3{,}5y)^2$
$= 20{,}25x^2 - 31{,}5xy + 12{,}25y^2$

2 a) $(4x^2 + 5y)^2 = 16x^4 + 40x^2y + 25y^2$

b) $3(ax + by)^2 - 4(ax - by)^2$
$= 3(a^2x^2 + 2abxy + b^2y^2)$
$\quad - 4(a^2x^2 - 2abxy + b^2y^2)$
$= 3a^2x^2 + 6abxy + 3b^2y^2 - 4a^2x^2$
$\quad + 8abxy - 4b^2y^2$
$= -a^2x^2 + 14abxy - b^2y^2$

c) $2{,}4(2p - 3q)^2 - 3{,}6(2p - 3q)(2p + 3q)$
(beachte: $3q + 2p = 2p + 3q$)
$= 2{,}4(4p^2 - 12pq + 9q^2) - 3{,}6(4p^2 - 9q^2)$
$= 9{,}6p^2 - 28{,}8pq + 21{,}6q^2 - 14{,}4p^2$
$\quad + 32{,}4q^2$
$= -4{,}8p^2 - 28{,}8pq + 54q^2$

d) $(a + b + c)(a + b - c)$
$= [(a+b) + c] \cdot [(a+b) - c] = (a+b)^2 - c^2$
$= a^2 + 2ab + b^2 - c^2$

3 a) $(3 + b)^2 = 9 + 6b + b^2$

b) $(2 + 3b)^2 = 4 + 12b + 9b^2$

c) $(5x + 8y)^2 = 25x^2 + 80xy + 64y^2$

d) $(11a - 2b)^2 = 121a^2 - 44ab + 4b^2$

e) $(5a - 7b) \cdot (5a + 7b) = 25a^2 - 49b^2$

Test 4: Aufgaben für Experten — Seite 30

1 a) $4{,}5a^2x - 0{,}5by^2 + 0{,}6a^2x - 1{,}6by^2$
$= (4{,}5 + 0{,}6)a^2x - (0{,}5 + 1{,}6)by^2$
$= 5{,}1a^2x - 2{,}1by^2$

b) $\left(-\frac{3}{5}x^2y^3 \cdot \frac{5}{6}x^3y\right) : \left(-\frac{5}{8}x^2y^3\right)$
$= -\frac{\overset{1}{\cancel{3}} \cdot \overset{1}{\cancel{5}}}{\underset{1}{\cancel{5}} \cdot \underset{2}{\cancel{6}}}x^{2+3}y^{3+1} : \left(-\frac{5}{8}x^2y^3\right)$
$= \left(\frac{1}{2} \cdot \frac{5}{8}\right)x^{5-2}y^{4-3} = \frac{4}{5}x^3y$

c) $13c^3z \cdot \frac{1}{5}cz^2 + 1\frac{1}{5}c^6z^8 : \left(-\frac{2}{7}c^2z^5\right)$
$= \left(13 \cdot \frac{1}{5}\right)c^4z^3 - \left(\frac{6}{5} \cdot \frac{7}{2}\right)c^4z^3$
$= \left(2\frac{3}{5} - 4\frac{1}{5}\right)c^4z^3 = -1\frac{3}{5}c^4z^3$

d) $-1\frac{5}{6}(ax - cx)^5 \cdot y^5 + \frac{3}{4}(ay - cy)^5 \cdot x^5$
$= -1\frac{5}{6}[(ax - cx)^5 \cdot y^5] + \frac{3}{4}[(ay - cy)^5 \cdot x^5]$
$= -1\frac{5}{6} \cdot [(axy - cxy)]^5 + \frac{3}{4}[(axy - cxy)]^5$
$= \left(-1\frac{5}{6} + \frac{3}{4}\right) \cdot (axy - cxy)^5$
$= -1\frac{1}{12}(axy - cxy)^5$

2 a)

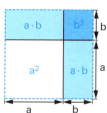

b) Bei der 1. Möglichkeit: $A = (a+b) \cdot (c+d)$ gehst du von *einem* großen Rechteck mit den Seitenlängen $(a+b)$ und $(c+d)$ aus. Bei der 2. Möglichkeit: $A = ac + ad + bc + bd$ setzt du das große Rechteck aus den vier kleineren Rechtecken zusammen.

c) Die Terme aus Teilaufgabe b) beschreiben dieselbe Fläche und sind somit gleich:
$(a+b) \cdot (c+d) = ac + ad + bc + bd$.

3 So kannst du die drei binomischen Formeln geometrisch begründen:

a) $(a+b)^2$
$= a^2 + 2ab + b^2$

b) $(a-b)^2$
$= a^2 - 2b(a-b) - b^2$
$= a^2 - 2ab + 2b^2 - b^2$
$= a^2 - 2ab + b^2$

c) $(a+b)(a-b)$
$= a^2 - b(a-b) - b^2 + b(a-b)$
$= a^2 - ab + b^2 - b^2 + ab - b^2$
$= a^2 - b^2$

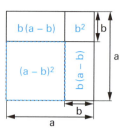

104

Lösungen zu den Seiten 30-37

4 a) Sandras Behauptung stimmt, denn es gilt: $(n + 1)^2 - 1 = n^2 + 2n + 1 - 1$
$= n^2 + 2n = n \cdot (n + 2)$
Hinweise: Der Term $(n + 1)^2 - 1$ besagt, dass der Nachfolger einer natürlichen Zahl $n \in \mathbb{N}$, nämlich $n + 1$, quadriert und dann um 1 vermindert wird. Der Term $n \cdot (n + 2)$ steht für das Produkt der natürlichen Zahl n mit ihrem übernächsten Nachfolger $(n + 2)$.

b) (1) $109 \cdot 111 = 110^2 - 1 = 12100 - 1 = 12099$
(2) $140 \cdot 160 = (14 \cdot 10) \cdot (16 \cdot 10)$
$= (14 \cdot 16) \cdot 10^2$
$= (15^2 - 1) \cdot 10^2$
$= (225 - 1) \cdot 100 = 22400$

Klassenarbeit Nr. 3   Seite 31–32

Falls nicht anders angegeben, gibt es für jede Teilaufgabe bzw. jeden Teilschritt einen Punkt.

1 a) $4x + 5$ b) $x^2 - \frac{1}{2}x$
c) $\left(7 + \frac{1}{3}x\right)^2$ d) $(x^2 - 5) : 6x$

2 a) $a + a + a + a + 3 + 2 = 4a + 5$
b) $10x + 4x + (-9x) + 2x + 12 + (-11)$
$= 7x + 1$
c) $65t + 6t^2$
d) $65t : 5 - 30t^2 : 5 = 13t - 6t^2$

3 a) $u = a + b + a - 0{,}5\,cm = 2a + b - 0{,}5\,cm$
$A = \frac{1}{2} \cdot a \cdot (a - 0{,}5\,cm) = \frac{1}{2}a^2 - \frac{1}{4}a\,cm$
Für $a = 2{,}5\,cm$ und $b = 3{,}2\,cm$ gilt:
$u = 2 \cdot 2{,}5\,cm + 3{,}2\,cm - 0{,}5\,cm = 7{,}7\,cm$

b)
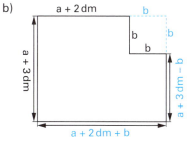

$u = (a + 3\,dm + a + 2\,dm + b) \cdot 2$
$= (2a + 5\,dm + b) \cdot 2 = 4a + 10\,dm + 2b$
$A = (a + 3\,dm) \cdot (a + 2\,dm + b) - b^2$
$= a^2 + a \cdot 2\,dm + ab + a \cdot 3\,dm + 6\,dm^2$
$+ b \cdot 3\,dm - b^2$
$= a^2 + a \cdot 5\,dm + ab + b \cdot 3\,dm - b^2$
$+ 6\,dm^2$
Für $a = 4\,dm$, $b = 120\,mm = 12\,cm = 1{,}2\,dm$ gilt:
$u = 4 \cdot 4\,dm + 10\,dm + 2 \cdot 1{,}2\,dm$
$= 16\,dm + 10\,dm + 2{,}4\,dm$
$= 28{,}4\,dm$

4 a) $3 \cdot 2x + 3 \cdot 4 - 3x + 5 = 6x - 3x + 12 + 5$
$= 3x + 17$
b) $2{,}5y \cdot 4 - 6{,}2 \cdot 4 - 6y + 4{,}1$
$= 10y - 6y - 24{,}8 + 4{,}1 = 4y - 20{,}7$

c) $5 \cdot 6 \cdot x \cdot x + 5 \cdot (-7) \cdot x \cdot y + \frac{1}{5} \cdot 20 \cdot x \cdot y$
$+ \frac{1}{5} \cdot 15 \cdot y \cdot y$
$= 30x^2 - 35xy + 4xy + 3y^2$
$= 30x^2 - 31xy + 3y^2$
d) $-2x^3y^3 + 4x^2y^2 - 12x^3y^3 + 15x^2y^2$
$= -14x^3y^3 + 19x^2y^2$

5 a) $ax^3 + 2ax^2y + axy^2 = ax \cdot (x^2 + 2xy + y^2)$
$= ax \cdot (x + y)^2$
b) $6ax - 4ay - 9bx + 6by$
$= 2a \cdot (3x - 2y) - 3b \cdot (3x - 2y)$
$= (2a - 3b) \cdot (3x - 2y)$
c) $p^2q^2 - p^2qu + pq^2u - pqu^2$
$= p^2q \cdot (q - u) + pqu \cdot (q - u)$
$= (q - u) \cdot (p^2q + pqu) = pq \cdot (q - u) \cdot (p + u)$

6 a) $4{,}5x \cdot 2x^2 + 4{,}5x \cdot 3{,}5y$
$- 5y^2 \cdot 2x^2 - 5y^2 \cdot 3{,}5y$
$= 9x^3 + 15{,}75xy - 10x^2y^2 - 17{,}5y^3$
b) $-2a^2 \cdot 6ax^3 - 2a^2x \cdot (-8b^2)$
$+ 7by^3 \cdot 6ax^3 + 7by^3 \cdot (-8b^2)$
$= -12a^3x^4 + 16a^2b^2x + 42abx^3y^3$
$- 56b^3y^3$
c) $p \cdot (-3p) + pq + p \cdot (-2r) + 2q \cdot (-3p)$
$+ 2q \cdot q + 2q \cdot (-2r) - 3r \cdot (-3p) - 3r \cdot q$
$- 3r \cdot (-2r)$
$= -3p^2 + pq - 2pr - 6pq + 2q^2 - 4qr$
$+ 9pr - 3qr + 6r^2$
$= -3p^2 - 5pq + 7pr + 2q^2 - 7qr + 6r^2$

7

$p \cdot q$	$p + q$	faktor. Term
$2 \cdot 3 = 6$	$2 + 3 = 5$	$(x + 2) \cdot (x + 3)$
$3 \cdot 4 = 12$	$3 + 4 = 7$	$(x + 3) \cdot (x + 4)$
$(-4) \cdot (-6) = 24$	$(-4) + (-6) = -10$	$(x - 4) \cdot (x - 6)$
$2 \cdot (-5) = -10$	$2 + (-5) = -3$	$(x + 2) \cdot (x - 5)$

(je 0,5 P.)

30–26 Punkte	25–15 Punkte	14–0 Punkte
Super!	In Ordnung!	Bitte noch einmal üben!

Kapitel 4: Lineare Gleichungen und Ungleichungen

Test 1: Gleichungen aufstellen und lösen   Seite 37

1 a) $x = -4$: $-4 - 3 = 1 \Leftrightarrow -7 = 1$ (f)
$x = 0$: $0 - 3 = 1 \Leftrightarrow -3 = 1$ (f)
$x = 4$: $4 - 3 = 1 \Leftrightarrow 1 = 1$ (w)
$L = \{4\}$
b) $x = -10$:
$3 \cdot (-10) + 15 = 55 - (-10) \Leftrightarrow -15 = 65$ (f)
$x = 10$:
$3 \cdot 10 + 15 = 55 - 10 \Leftrightarrow 45 = 45$ (w)
$x = 30$:
$3 \cdot 30 + 15 = 55 - 30 \Leftrightarrow 105 = 25$ (f)
$L = \{10\}$

Lösungen zu den Seiten 37–40

2 a) $3x + 6 = 9 \mid -6$
$\Leftrightarrow 3x = 3 \mid :3$
$\Leftrightarrow \quad x = 1 \Rightarrow L = \{1\}$

b) $\quad 2x + 4 = 3x + 6 \mid -6$
$\Leftrightarrow \quad 2x - 2 = 3x \quad \mid -2x$
$\Leftrightarrow \quad\quad -2 = x \Rightarrow L = \{-2\}$

c) $\quad 5x + 1 = 2x + 5 \mid -2x$
$\Leftrightarrow \quad 3x + 1 = 5 \quad\quad \mid -1$
$\Leftrightarrow \quad\quad 3x = 4 \quad\quad\quad \mid :3$
$\Leftrightarrow \quad\quad\quad x = \frac{4}{3} = 1\frac{1}{3} \Rightarrow L = \left\{1\frac{1}{3}\right\}$

3 a) $\quad -4{,}2x + 3{,}7 = 6{,}8 - 5{,}3x \mid +5{,}3x$
$\Leftrightarrow \quad 1{,}1x + 3{,}7 = 6{,}8 \quad\quad \mid -6{,}8$
$\Leftrightarrow \quad 1{,}1x - 3{,}1 = 0$
$\Leftrightarrow \quad\quad ax + b = 0$
mit $a = 1{,}1$; $b = -3{,}1$

b) $\quad\quad\quad (2x - 4)^2 = (4 + 2x)^2$
$\Leftrightarrow \quad 4x^2 - 16x + 16 = 16 + 16x + 4x^2 \mid -4x^2$
$\Leftrightarrow \quad\quad -16x + 16 = 16x + 16 \mid -16 \mid -16x$
$\Leftrightarrow \quad\quad\quad -32x = 0$
$\Leftrightarrow \quad\quad\quad ax + b = 0$
mit $a = -32$; $b = 0$

Test 2: Ungleichungen aufstellen und lösen — Seite 38

1 a) $x < 2$ b) $x \geq -2$ c) $x > 1$

2 a) $x + 2 < 4 \quad \mid -2$
$\Leftrightarrow x < 2$
$L = \{x \in \mathbb{Q} \mid x < 2\}$

b) $3x + 4 > 3 \mid -4$
$\Leftrightarrow 3x > -1 \mid :3$
$\Leftrightarrow \quad x > -\frac{1}{3} \Rightarrow L = \left\{x \in \mathbb{Q} \mid x > -\frac{1}{3}\right\}$

c) $\quad 3x + 3 > 4x + 5 \mid -4x$
$\Leftrightarrow -x + 3 > 5 \quad\quad \mid -3$
$\Leftrightarrow \quad\quad -x > 2 \quad\quad \mid \cdot (-1)$
$\Leftrightarrow \quad\quad\quad x < -2 \Rightarrow L = \{x \in \mathbb{Q} \mid x < -2\}$

3 Berechne mit dem vorgegebenen Lösungswert $x = 4$ jeweils die linke und die rechte Seite einer Ungleichung, vergleiche diese Werte miteinander und setze dann das zutreffende Relationszeichen „>" oder „<".

a) rechts: -5
links: $-1{,}5 \cdot 4 + 2{,}5 = -3{,}5 > -5$
$\quad\quad\quad -1{,}5x + 2{,}5 > -5 \quad\quad \mid -2{,}5$
$\Leftrightarrow \quad\quad\quad -1{,}5x > -7{,}5 \quad \mid :(-1{,}5)$
$\Leftrightarrow \quad\quad\quad\quad x < 5$
$L = \{x \in \mathbb{Q} \mid x < 5\}$

b) rechts: $\frac{1}{2} \cdot 4 - 1\frac{1}{4} = \frac{3}{4}$
links: $\frac{3}{4} \cdot 4 - 2\frac{1}{2} = \frac{1}{2} < \frac{3}{4}$
$\Leftrightarrow \quad\quad \frac{3}{4}x - 2\frac{1}{2} < \frac{1}{2}x - 1\frac{1}{4} \mid +2\frac{1}{2} \mid -\frac{1}{2}x$
$\Leftrightarrow \quad\quad\quad \frac{1}{4}x < 1\frac{1}{4} \quad\quad \mid \cdot 4$
$\Leftrightarrow \quad\quad\quad\quad x < 5$
$L = \{x \in \mathbb{Q} \mid x < 5\}$

Test 3: Textaufgaben — Seite 39

1 a) (1) $2x + 7 = 3 \cdot (x - 5)$ $(\Rightarrow x = -22)$
(2) $n \cdot (n + 1) = n^2 + 4$ $(\Rightarrow n = 4)$
Hinweise zu 1 a): (1) Achte auf die Reihenfolge! Linke Seite: Die Zahl x wird zuerst verdoppelt und dann um 7 vergrößert. Rechte Seite: Hier wird die Zahl x zuerst um 5 verkleinert und dann erst verdreifacht (Klammer setzen!).

b) Beispiellösungen:
(1) Das Doppelte einer Zahl, vermehrt um 8, entspricht ihrem Fünffachen, vermindert um 2.
(2) Die Hälfte einer um 2 vergrößerten Zahl entspricht ihrem Vierfachen, vermindert um 6.

2 Bezeichne zuerst die Anzahl der roten Gummibärchen mit x, denn die Angabe zu den grünen bezieht sich hierauf und beträgt x – 2.
Schließlich bezieht sich die Angabe zu den gelben auf die grünen: $(x - 2) + 13 = x + 11$, kann aber in der Form $x + 11$ auch auf die roten bezogen werden! Die Gleichung lautet:
$(x - 2) + x + (x + 11) = 90 \Leftrightarrow 3x + 9 = 90$
$\Leftrightarrow 3x = 81 \Leftrightarrow x = 27$
In der Tüte sind $27 - 2 = 25$ grüne, 27 rote und $27 + 11 = 38$ gelbe Gummibärchen.

grün: $x - 2$ rot: x gelb: $x + 11$

3 Bei einem Jahresverbrauch von x (kWh) betragen die jährlichen Stromkosten nach T_1: $30 + 0{,}140 \cdot x$ und nach T_2: $60 + 0{,}135 \cdot x$. Gleiche Stromkosten ergeben sich für
$30 + 0{,}140 \cdot x = 60 + 0{,}135 \cdot x$
$\Leftrightarrow 0{,}005 \cdot x = 30 \Leftrightarrow x = 6000 \,\text{kWh}$
Bei einem Jahresverbrauch bis 6000 kWh ist T_1 wegen der kleineren Grundgebühr günstiger, oberhalb von 6000 kWh dann T_2.

Test 4: Aufgaben für Experten — Seite 40

1 a) Die gesuchte Zahl: x
Das Doppelte dieser Zahl: $2x$
Addiere 7 zum Doppelten: $2x + 7$
$2x + 7 = 3 \mid -7 \Leftrightarrow 2x = -4 \mid :2 \Leftrightarrow x = -2$
Die gesuchte Zahl ist -2.

b) Die gesuchte Zahl: x
Das um 2 Verminderte: $x - 2$
Das Quadrat hiervon: $(x - 2)^2$
Vermindere das Quadrat der Zahl um 2: $x^2 - 2$
$\quad\quad (x - 2)^2 = x^2 - 2$
$\Leftrightarrow x^2 - 4x + 4 = x^2 - 2 \mid -x^2 \mid -4$
$\Leftrightarrow \quad\quad -4x = -6 \quad\quad \mid :(-4)$
$\Leftrightarrow \quad\quad\quad x = 1{,}5$
Die gesuchte Zahl ist 1,5.

Lösungen zu den Seiten 40–42

2 Achte stets darauf, ob sich aus der Aufgabe eine Einschränkung der Grundmenge ablesen lässt. Beachte, dass Seitenlängen, Flächen- und Rauminhalte, Gewichte usw. nicht negativ sein dürfen und dass beim Abzählen von Personen und Gegenständen nur natürliche Zahlen erlaubt sind.

a) Weil die vier Terme Seitenlängen angeben, dürfen sie nicht negativ werden.
R_1: $2x - 1 \geq 0 \Leftrightarrow x \geq 0,5$ und
$4x - 4 \geq 0 \Leftrightarrow x \geq 1$
R_2: $8x - 14 \geq 0 \Leftrightarrow x \geq 1,75$ und
$x + 4 \geq 0 \Leftrightarrow x \geq -4$
Mit der Einhaltung der Bedingung $x \geq 1,75$ werden auch die übrigen drei Bedingungen eingehalten. Somit lautet die Grundmenge: $G_x = \{x \in \mathbb{Q} \mid x \geq 1,75\}$.

b) $(2x - 1) \cdot (4x - 4) = (8x - 14) \cdot (x + 4)$
$\Leftrightarrow 8x^2 - 12x + 4 = 8x^2 + 18x - 56 \mid -8x^2$
$\Leftrightarrow \quad -12x + 4 = 18x - 56 \quad \mid -18x$
$\Leftrightarrow \quad -30x + 4 = -56 \quad \mid -4$
$\Leftrightarrow \quad -30x = -60 \quad \mid :(-30)$
$\Leftrightarrow \quad x = 2 \in G_x \Rightarrow L = \{2\}$

3 Der auf → Seite 36 gezeigte Lösungsweg kann so umgesetzt werden:
① ② Anzahl zukünftiger Jahre: x
③ Annahme: zukünftig konstante Heizkosten von 765 € pro Jahr
Kosten für x Jahre ohne Dämmung: $765 \cdot x$;
Kosten für x Jahre mit Dämmung und Kosteneinsparung um 25 %:
$(1640 + 1420) + \frac{75}{100} \cdot 765 \cdot x = 3060 + 573,75 \cdot x$
④ ⑤ Amortisationsrechnung:
$765 \cdot x > 3060 + 573,75 x$
$\Leftrightarrow 191,25 x > 3060$
$\Leftrightarrow \quad x > 16$ Jahre
⑥ ⑦ Für $x = 16$ Jahre sind die Kosten
$765 € \cdot 16 = 12\,240 €$ und
$3060 € + 573,75 € \cdot 16 = 12\,240 €$ gleich.
Ab dem 17. Jahr führen die Dämmungsmaßnahmen zu Einsparungen.
Steigende Heizkosten verkürzen natürlich die Amortisationsdauer.

4 Wenn die Stallung die Fläche A beansprucht, dann verbleiben $(50\,m)^2 - A = 2500\,m^2 - A$ an Weidefläche. Folglich passen $A : 10\,m^2$ Tiere in den Stall und $(2500\,m^2 - A) : 200\,m^2$ Tiere auf die Weide. Die Anzahl der Tiere, die gehalten werden können, wird durch die **kleinere** der beiden Zahlen begrenzt, denn entweder reicht der Platz im Stall **oder** die Weidefläche (= Futtermenge) nicht mehr aus. Im günstigsten Fall sind beide Zahlen gleich:
$\frac{A}{10} = \frac{2500 - A}{200} \mid \cdot 200 \Leftrightarrow 20A = 2500 - A$
$\Leftrightarrow 21A = 2500 \Leftrightarrow A \approx 119\,m^2$
Es können somit höchstens
$119 : 10 = 11,9 \approx 12$ Kühe gehalten werden.

Klassenarbeit Nr. 4 — Seite 41–42

Falls nicht anders angegeben, gibt es für jede Teilaufgabe bzw. jeden Teilschritt einen Punkt.

1 a) $2 \cdot (-5,5) - 4 = 7$
$\quad -11 - 4 = 7$
$\quad -15 = 7$ (falsch)
$2 \cdot 2 - 4 = 7$
$\quad 0 = 7$ (falsch)
$2 \cdot (5,5) - 4 = 7$
$\quad 7 = 7 \Rightarrow L = \{7\}$

b) Da keine einzelnen Zahlen angegeben sind, muss man zunächst die Lösung ausrechnen:
$-\frac{3}{2} x + 6 = 15 \quad \mid -6$
$\Leftrightarrow -\frac{3}{2} x = 9 \quad \mid : \left(-\frac{3}{2}\right)$
$\Leftrightarrow x = -6$ kein Element von $\mathbb{N}$. $\Rightarrow L = \{\ \}$

2 a) $L = \{3\}$ b) $L = \{4\}$ c) $L = \{9\}$
d) $L = \{2,5\}$ e) $L = \{-0,4\}$ f) $L = \{9\}$
(je 0,5 P.)

3 Achte auf die logische Bedeutung der Bindewörter „und" und „oder": Zwei Bedingungen, z. B. Gleichungen oder Ungleichungen, die durch „und" verbunden sind, müssen beide gleichzeitig erfüllt werden. Von zwei Bedingungen, die durch „oder" verbunden sind, muss mindestens eine erfüllt sein.

a) $1 < x < 7$ und $3 < y < 6$
b) $1 \leq x \leq 7$ und $y = 3$
c) $x = 7$ und $3 \leq y \leq 6$
d) $(x < 1$ oder $x > 7)$ und
$(y < 3$ oder $y > 6)$

4 a) $8x - 16 = 24 + 3x \quad \mid +16$
$\Leftrightarrow \quad 8x = 40 + 3x \quad \mid -3x$
$\Leftrightarrow \quad 5x = 40 \quad \mid :5$
$\Leftrightarrow \quad x = 8 \Rightarrow L = \{8\}$

b) $-12x - 6 = 46 - 24x - 28 \quad \mid +24x$
$\Leftrightarrow 12x - 6 = 18 \quad \mid +6$
$\Leftrightarrow \quad 12x = 24 \quad \mid :12$
$\Leftrightarrow \quad x = 2 \Rightarrow L = \{2\}$

c) $x^2 - 16 - x^2 = 3x - 1$
$\Leftrightarrow \quad -16 = 3x - 1 \quad \mid +1$
$\Leftrightarrow \quad -15 = 3x \quad \mid :3$
$\Leftrightarrow \quad -5 = x \Rightarrow L = \{-5\}$

d) $4x^2 - 20x + 25 - 3x^2 = x^2 + 5$
$\Leftrightarrow \quad x^2 - 20x + 25 = x^2 + 5 \quad \mid -x^2$
$\Leftrightarrow \quad -20x + 25 = 5 \quad \mid -25$
$\Leftrightarrow \quad -20x = -20 \quad \mid :(-20)$
$\Leftrightarrow \quad x = 1 \Rightarrow L = \{1\}$

5 $5 \cdot (2x - 3) - 4 \cdot (6 - 5x) = 15 - 8 \cdot (9 - 3x)$
$\Leftrightarrow 10x - 15 - 24 + 20x = 15 - 72 + 24x$
$\Leftrightarrow \quad 30x - 39 = 24x - 57 \mid -24x; +39$
$\Leftrightarrow \quad 6x = -18 \quad \mid :6$
$\Leftrightarrow \quad x = -3$
(1) bei $G = \mathbb{Q}$: $L = \{-3\}$;
(2) bei $G = \mathbb{N}$: $L = \{\ \}$ ($-3 \notin \mathbb{N}$)

107

Lösungen zu den Seiten 42–48

6 a) $12 - 2x = 18$ ($\Rightarrow x = -3$) (1 P.)
b) $(x + 12) : 4 = 21$ ($\Rightarrow x = 72$) (1 P.)
c)

	Petra	Eva
Heute	x	3x
Vor sechs Jahren	x − 6	3x − 6

$3x = 6 \cdot (x - 6) \Rightarrow x = 12$; Petra ist heute 12, ihre Mutter Eva 36 Jahre alt. (3 P.)

7 a) $3x - 2 \leq 7 \quad |+2$
$\Leftrightarrow 3x \leq 9 \quad |:3$
$\Leftrightarrow \quad x \leq 3$ (1 P.)

(1 P.)

b) $-\frac{1}{2}x + 5 < \frac{23}{4} \quad |-5$
$\Leftrightarrow -\frac{1}{2}x < \frac{3}{4} \quad |\cdot(-2)$
$\Leftrightarrow \quad x > -\frac{3}{2} \Rightarrow x > -1,5$ (1 P.)

(1 P.)

c) $-3 + 1,5x \geq -4,5 \quad |+3$
$\Leftrightarrow \quad 1,5x \geq -1,5 \quad |:1,5$
$\Leftrightarrow \quad x \geq -1$ (1 P.)

(1 P.)

30–26 Punkte	25–15 Punkte	14–0 Punkte
Super!	In Ordnung!	Bitte noch einmal üben!

Kapitel 5: Lineare Funktionen und Zuordnungen

Test 1: Zuordnungen   Seite 47

1 a) Bei einer **Funktion** wird die Funktionsvariable **y** durch die Funktionsvariable **x** **eindeutig erklärt**. Oftmals kann y mithilfe einer **Funktionsvorschrift** $y = f(x)$ aus x berechnet werden.
b) Wenn x und y proportional sind, dann ist **der Quotient** $\frac{y}{x}$ konstant und die Zuordnung $x \to y$ besitzt die Funktionsvorschrift $y = mx$. Dem entspricht eine **Gerade**, die durch den **Ursprung** des Koordinatensystems verläuft.

2 a)

x	1	2	4	5
y	1,5	3	6	7,5
$\frac{y}{x}$	1,5	1,5	1,5	1,5

b)

x	2	3	4	6
y	6	4	3	2
x · y	12	12	12	12

3 a) $y = 1,5x$ b) $y = \frac{12}{x}$

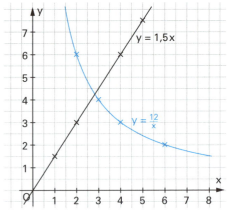

4 a) $P(2|5)$; $Q(6|2)$
b) $m_g = \frac{5}{2} = 2,5$; $m_h = \frac{2}{6} = \frac{1}{3}$
c) $g: y = 2,5x$; $h: y = \frac{1}{3}x$

Hinweis zu b): Die Steigungen werden hier aus Steigungsdreiecken berechnet, bei denen der Ursprung (0|0) einen der beiden Bezugspunkte bildet. Die genauere Schreibweise lautet $m_g = \frac{5-0}{2-0} = \frac{5}{2} = 2,5$ und $m_h = \frac{2-0}{6-0} = \frac{2}{6} = \frac{1}{3}$.

Test 2: Geraden und lineare Funktionen
Seite 48

1

	a)	b)	c)	d)
m	2,4	$-3\frac{1}{4}$	4,7	$1\frac{1}{3}$
b	−4,6	$5\frac{3}{8}$	−6,2	−2
x_p	3,5	$\frac{7}{26}$	3	$-\frac{3}{8}$
y_p	3,8	$4\frac{1}{2}$	7,9	$-2\frac{1}{2}$

Hinweis: Bekannte Größe in $y = mx + b$ einsetzen und nach der unbekannten auflösen.

2 Gib zunächst die Achsenschnittpunkte P(y-Achse) und Q(x-Achse) an, berechne dann die Steigung m, und lies schließlich aus P den Achsenabschnitt b ab.
a) Gerade g: $P(0|5)$ und $Q(6|0)$;
$m = \frac{y_Q - y_P}{x_Q - x_P} = \frac{0-5}{6-0} = -\frac{5}{6}$; $y = -\frac{5}{6} \cdot x + 5$
b) Gerade h: $P(0|2)$ und $Q(-4|0)$;
$m = \frac{y_Q - y_P}{x_Q - x_P} = \frac{0-2}{-4-0} = \frac{-2}{-4} = \frac{1}{2}$; $y = \frac{1}{2} \cdot x + 2$

3 a) $T_1: y(€) = 1,60 \frac{€}{m^3} \cdot x(m^3) + 60€$;
$T_2: y(€) = 1,40 \frac{€}{m^3} \cdot x(m^3) + 75€$;
b) Der Verbrauch von 85 m³ führt auf Jahreskosten von
$y = 1,60 \frac{€}{m^3} \cdot 85 \, m^3 + 60€ = 136€ + 60€$
$= 196€$.

Lösungen zu den Seiten 48–50

c) Die Kosten von 184,20 € führen auf den Jahresverbrauch:
$184{,}20\,€ = 1{,}40\,\frac{€}{m^3}\cdot x + 75\,€$
$\Leftrightarrow 109{,}20\,€ = 1{,}40\,\frac{€}{m^3}\cdot x \Leftrightarrow x = 78\,m^3$

d) Schneider zu T_2:
$y = 1{,}40\,\frac{€}{m^3}\cdot 85\,m^3 + 75\,€ = 194\,€ < 196\,€$
$\Rightarrow$ Wechsel zu T_2!
Hensch zu T_1:
$y = 1{,}60\,\frac{€}{m^3}\cdot 78\,m^3 + 60\,€$
$\quad = 184{,}80\,€ > 184{,}20\,€$
$\Rightarrow$ kein Wechsel zu T_1!

Test 3: Lineare Funktionen bestimmen
Seite 49

1 Steigung von g:
$m = \frac{-12 - 0}{5 - 0} = -2{,}4 \Rightarrow y = -2{,}4\,x$
h hat dieselbe Steigung wie g.
$y = -2{,}4\,x + b \Rightarrow -2\frac{3}{4} = -2{,}4 \cdot \frac{5}{8} + b$
$\Leftrightarrow -2\frac{3}{4} = -1\frac{1}{2} + b \Rightarrow b = -1\frac{1}{4};$
h: $y = -2{,}4\,x - 1{,}25$

2 Schnittpunkt Y von g_1 mit der y-Achse:
$x = 0 \Rightarrow y = 3$, also $Y(0\,|\,3)$.
Schnittpunkt X von g_2 mit der x-Achse:
$y = 0 \Rightarrow 0 = -4x + 8 \Rightarrow x = 2$, also $X(2\,|\,0)$.
h hat denselben y-Achsenabschnitt wie g_1: $y = mx + 3$.
Steigung $m = \frac{3-0}{0-2} = \frac{3}{-2} = -\frac{3}{2} = -1{,}5$
h: $y = -1{,}5\,x + 3$

3 a)

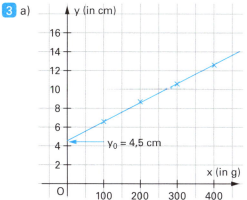

b) Messpunkte liegen infolge von Messungenauigkeiten meistens nicht exakt sondern nur in guter Näherung auf der Geraden. Zur Minimierung dieser Einflüsse rechnet man daher mit denjenigen Punkten, die voneinander den größten Abstand besitzen.
Steigung:
$m = \frac{y_2 - y_1}{x_2 - x_1} = \frac{12{,}5\,cm - 6{,}6\,cm}{400\,g - 100\,g} \approx 0{,}02\,\frac{cm}{g}$
Die Gerade $y = mx + b$ enthält alle Messpunkte, z. B.:

$6{,}6\,cm = 0{,}02\,\frac{cm}{g}\cdot 100\,g + b$
$\Rightarrow 6{,}6\,cm = 2\,cm + b \Leftrightarrow b = 4{,}6\,cm.$
Geradengleichung: $y = mx + b$
$\Rightarrow y\,(cm) = 0{,}02\,\frac{cm}{g}\cdot x\,(g) + 4{,}6\,cm$

c) Für $x = 0\,g$ folgt aus der Geradengleichung:
$y_0 = 0{,}002\,\frac{cm}{g}\cdot 0\,g + 4{,}6\,cm = 4{,}6\,cm$

Test 4: Aufgaben für Experten   Seite 50

1 Die von Thomas und Sandra angesprochene Formel lautet $Z = \frac{p}{100}\cdot K$.
Thomas geht stillschweigend von einem konstanten Zinssatz aus und folgert:
$p = \text{const.} \Rightarrow \frac{p}{100} = \text{const.} = m \Rightarrow Z = m\cdot K$.
Dann wären Z und K proportional.
Sandra unterstellt hingegen ein konstantes Sparguthaben und folgert ebenso:
$K = \text{const.} \Rightarrow \frac{K}{100} = \text{const.} = m \Rightarrow Z = m\cdot p$.
Dann wären Z und p proportional.
Beide haben Recht, jedoch sollten sie hinzufügen, welche Randbedingung (p = const. bzw. K = const.) sie jeweils unausgesprochen unterstellen!

2 Die Steigung m von g lässt sich aus **beliebigen** Punktepaaren bestimmen, z. B. aus P_1 und P_2, aber auch aus P_2 und P_3:
$\frac{y_2 - y_1}{x_2 - x_1} = m = \frac{y_3 - y_2}{x_3 - x_2} \Rightarrow \frac{2}{1} = \frac{y_3 - 6}{2}$
$\Leftrightarrow 4 = y_3 - 6 \Leftrightarrow y_3 = 10$

3 a) Die Gerade $y = mx + b$, die durch X und Y verläuft, besitzt den y-Achsenabschnitt
$b = y_s$ und die Steigung $m = \frac{y_s - 0}{0 - x_s} = -\frac{y_s}{x_s}$.
Damit folgt:
$y = -\frac{y_s}{x_s}\cdot x + y_s \quad |+\frac{y_s}{x_s}\cdot x$
$\Leftrightarrow \frac{y_s}{x_s}\cdot x + y = y_s \quad |:y_s$
$\Leftrightarrow \frac{x}{x_s} + \frac{y}{y_s} = 1$

b) $\frac{x}{3} + \frac{y}{8} = 1 \quad |\cdot 8$
$\Leftrightarrow \frac{8x}{3} + y = 8 \quad |-\frac{8x}{3}$
$\Leftrightarrow y = 8 - \frac{8x}{3} \quad |\text{umformen}$
$\Leftrightarrow y = -2\frac{2}{3}\cdot x + 8$

c) $y = -4x + 3 \quad |+4x$
$\Leftrightarrow 4x + y = 3 \quad |:3$
$\Leftrightarrow \frac{4}{3}x + \frac{1}{3}y = 1$
$\Leftrightarrow \frac{x}{\frac{3}{4}} + \frac{y}{3} = 1 \Rightarrow X\left(\frac{3}{4}\,|\,0\right);\ Y(0\,|\,3)$

4 a)

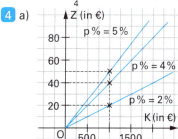

Lösungen zu den Seiten 50–53

b)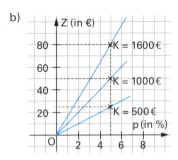

Hinweis: Alle Geraden verlaufen durch den Koordinatenursprung, weil die Jahreszinsen (a) proportional zum Kapital bzw. (b) proportional zum Zinssatz sind. Ein weiterer „Punkt" lässt sich dann leicht für (a) K = 1000 € bzw. für (b) p % = 5 % berechnen (vgl. gestrichelte Hilfslinien).

Klassenarbeit Nr. 5   Seite 51–53

Falls nicht anders angegeben, gibt es für jede Teilaufgabe bzw. jeden Teilschritt einen Punkt.

1 a) Eine lineare Zuordnung besitzt eine Funktionsvorschrift der Form $y = mx + b$. Speziell für $b = 0$ liegt eine proportionale Zuordnung vor.

b) Falls die Zuordnung $x \mapsto y$, die von dem Wertepaar $(x_0|y_0)$ erfüllt wird, proportional ist, dann gilt die Funktionsgleichung $\frac{y}{x} = \frac{y_0}{x_0} \Leftrightarrow y = \frac{y_0}{x_0} \cdot x$.
Ist sie hingegen antiproportional, so gilt die Funktionsgleichung
$x \cdot y = x_0 \cdot y_0 \Leftrightarrow y = \frac{x_0 \cdot y_0}{x}$.

c) Wenn x und y antiproportional sind, dann ist das Produkt $x \cdot y$ konstant und die Zuordnung $x \mapsto y$ besitzt die Funktionsvorschrift $y = \frac{c}{x}$. Dem entspricht eine Hyperbel.

(je 0,5 P.)

2 a)

x	3	4	6	9	18	24
y	9	12	18	27	54	72

b)

x	1	3	7	9	12	18
y	21	7	3	$2\frac{1}{3}$	$1\frac{3}{4}$	$1\frac{1}{6}$

c) a) $y = 3x$ b) $y = \frac{21}{x}$ (je 0,5 P.)

3 a) ☒ Funktion   b) ☒ Funktion
c) ☒ Funktion   d) ☒ keine Funktion

4 a) X(2,5|0)   Y(0|5)
b) X(2|0)   Y(0|−6)
c) X(6|0)   Y(0|4)

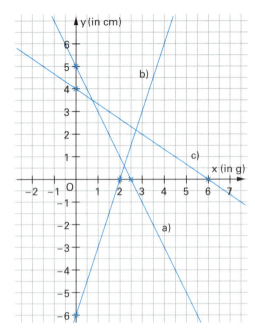

5 a) $m = \frac{7,5}{2,5} = 3$; y-Achsenabschnitt = 0
$\Rightarrow y = 3x$

b) $-3,5 = -\frac{3}{4} \cdot 6 + b \Leftrightarrow -3,5 = -4,5 + b$
$|+4,5 \Leftrightarrow 1 = b \Rightarrow y = -\frac{3}{4}x + 1$

c) Die Gerade muss die gleiche Steigung wie die aus a) haben, da sie parallel zu dieser verläuft.
$m = 3, \; b = 3 \Rightarrow y = 3x + 3$

d) $m = \frac{0-2}{2-(-2)} = -\frac{2}{4} = -\frac{1}{2} \Rightarrow 0 = -\frac{1}{2} \cdot 2 + b$
$\Leftrightarrow 0 = -1 + b \Leftrightarrow b = 1 \Rightarrow y = -\frac{1}{2}x + 1$

6 a) 1. $0\,h \leq x \leq 0,75\,h$: Guido fährt mit der konstanten Geschwindigkeit
$m = \frac{25\,km}{0,75\,h} = 33\frac{1}{3}\frac{km}{h}$.
Weg-Zeit-Funktion: $y\,(km) = 33\frac{1}{3}\frac{km}{h} \cdot x\,(h)$

2. $0,75\,h < x \leq 1\,h$: Guido rastet.
Mit $m = \frac{25\,km - 25\,km}{1\,h - 0,75\,h} = 0\,\frac{km}{h}$ folgt
$y\,(km) = 25\,km$.

3. $1\,h < x \leq 1,5\,h$: Guido fährt konstant
mit $m = \frac{40\,km - 25\,km}{1,5\,h - 1\,h} = \frac{15\,km}{0,5\,h} = 30\,\frac{km}{h}$.
Der Startpunkt (1 h | 25 km) führt mit
$y = mx + b$ auf $25\,km = 30\,\frac{km}{h} \cdot 1\,h + b$
$\Leftrightarrow b = -5\,km$;
Weg-Zeit-Funktion:
$y\,(km) = 30\,\frac{km}{h} \cdot x\,(h) - 5\,km$

b) Geschwindigkeit:
$m = \frac{40\,km - 0\,km}{1,5\,h - 0\,h} = 26\frac{2}{3}\frac{km}{h}$;
Weg-Zeit-Gesetz: $y\,(km) = 26\frac{2}{3}\frac{km}{h} \cdot x\,(h)$.
Die Grafik zeigt, dass Guido während seiner Rast, d. h. bei $y = 25\,km$, überholt wird. Zeitpunkt: $25\,km = 26\frac{2}{3}\frac{km}{h} \cdot x$
$\Leftrightarrow x = \frac{25\,km}{26\frac{2}{3}\frac{km}{h}} = 0,9375\,h \triangleq 56\,min\,15\,s$

(Udos Geschwindigkeit entspricht der **Durchschnittsgeschwindigkeit** von Guido.)

110

Lösungen zu den Seiten 53–58

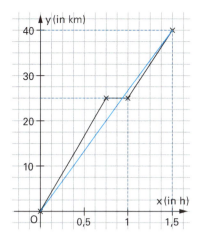

30–26 Punkte	25–15 Punkte	14–0 Punkte
Super!	In Ordnung!	Bitte noch einmal üben!

Kapitel 6: Winkel und Winkelgesetze

Test 1: Winkel zeichnen und messen
Seite 57

1 a) Der Winkel $\alpha = 73°$ ist ein spitzer Winkel.
b) Der Winkel $\beta = 90°$ wird als rechter Winkel bezeichnet.
c) Ein stumpfer Winkel liegt zwischen 90° und 180°.
d) Das Doppelte eines stumpfen Winkels ist ein überstumpfer Winkel.

2 $\beta = 76°$ ist ein spitzer Winkel.
$2\beta = 152°$ ist ein stumpfer Winkel.

3 $\gamma = 254°$ ist ein überstumpfer Winkel.
$\frac{\gamma}{2} = 127°$ ist ein stumpfer Winkel.

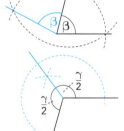

4 a) $\alpha = \angle(CAB) = 44°$; $\beta = \angle(ABC) = 68°$; $\gamma = \angle(BCA) = 68°$
b) β und γ sind gleich groß und stellen daher die Basiswinkel eines gleichschenkligen Dreiecks dar. Zeichnet man um A den Kreisbogen mit dem Radius $r_1 = \overline{AC}$, so liegt darauf auch der Punkt B. Die Strecken $\overline{AC}$ und $\overline{AB}$ sind daher gleich lang und bilden die Schenkel des gleichschenkligen Dreiecks.
c) Sandra zeichnet um A einen weiteren Kreisbogen mit dem beliebigen Radius $r_2 < r_1$. K_2 schneidet die Seiten AB in B' und AC in C'. Die Seiten BC' und CB' schneiden sich im Punkt P, durch den die Winkelhalbierende von A aus verläuft.

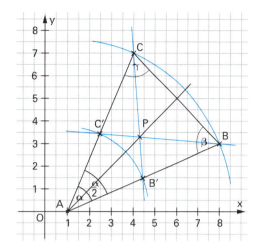

Test 2: Winkel an Geradenkreuzungen
Seite 58

1 a) $\alpha = 30° = \gamma$ und $\beta = 150° = \delta$.
α ist gegeben und γ ist Scheitelwinkel von α, also $\gamma = \alpha$. β ist Nebenwinkel von α, also $\beta = 180° - \alpha$, und δ ist Scheitelwinkel von β, also $\delta = \beta$.
b) $\alpha + \beta = 180°$
$\Leftrightarrow \alpha + (4\alpha + 5°) = 180°$
$\Leftrightarrow 5\alpha = 175°$
$\Leftrightarrow \alpha = 35° = \gamma$.
Es folgt: $\beta = 4 \cdot 35° + 5° = 145° = \delta$.
c) $\alpha = 72° = \gamma$ und $\beta = 108° = \delta$. α und δ sind Nebenwinkel, daher gilt:
$\alpha + \delta = 180° \Rightarrow \gamma = 0{,}4 \cdot 180° = 72°$
α und β sind Nebenwinkel, daher gilt:
$\beta = 180° - \alpha = 180° - 72° = 108°$

2 Sind die Stufenwinkel γ_1 und γ_2 gleich groß, dann verlaufen g_1 und g_2 parallel. Sind g_1 und g_2 nicht parallel, so sind die Wechselwinkel β_1 und δ_2 verschieden.
Der Nachbarwinkel ist der Nebenwinkel des Stufenwinkels. Der Wechselwinkel ist der Scheitelwinkel des Stufenwinkels.

3 a) β_1 ist Stufenwinkel zu α_1.
$\alpha_1 = 130°$ $\beta_1 = 130°$
b) β_4 ist Wechselwinkel zu α_2.
$\alpha_2 = 50°$ $\beta_4 = 50°$
c) α_3 ist Nachbarwinkel zu β_2.
$\alpha_3 = 130°$ $\beta_2 = 50°$

4 $\alpha_1 = 110°$ $\alpha_2 = 70°$ $\alpha_3 = 110°$
$\beta_1 = 118°$ $\beta_2 = 62°$ $\beta_3 = 118°$
$\gamma_1 = 35°$ $\gamma_2 = 145°$ $\gamma_3 = 35°$
$\delta_1 = 97°$ $\delta_2 = 83°$ $\delta_3 = 97°$
$\varepsilon_1 = 48°$

Lösungen zu den Seiten 59–61

Test 3: Winkel an Dreiecken und Kreisen Seite 59–60

1 a) $\gamma = 180° - (\alpha + \beta) = 180° - 143° = 37°$;
   $\alpha = \gamma$; gleichschenkliges Dreieck.
b) $\alpha = 180° - (\beta + \gamma) = 180° - 90° = 90°$;
   $\alpha = 90°$; rechtwinkliges Dreieck.
c) $\alpha + \beta + \gamma = 180°$
   $\Leftrightarrow 3\alpha = 180°$
   $\Leftrightarrow \alpha = 60°$; $\alpha = \beta = \gamma = 60°$;
   gleichseitiges Dreieck.
d) $\alpha + \beta + \gamma = 180°$
   $\Leftrightarrow \alpha + 2\alpha + 3{,}5 \cdot 2\alpha = 180°$
   $\Leftrightarrow 10\alpha = 180°$
   $\Rightarrow \alpha = 18°$; $\beta = 36°$; $\gamma = 126°$.

2 a) $\delta = \beta$; Stufenwinkel an Parallelen
   $\varepsilon = \alpha$; Wechselwinkel an Parallelen
b) Die Winkel δ, ε und γ bilden zusammen einen gestreckten Winkel, daher gilt stets: $\varepsilon + \delta + \gamma = 180°$; mit $\varepsilon = \alpha$ und $\delta = \beta$ folgt: $\alpha + \beta + \gamma = 180°$ (Innenwinkelsummensatz für Dreiecke).
c) $\delta + \varepsilon = \alpha + \beta$ ist Außenwinkel von γ, ebenso $\beta + \gamma$ von α und $\alpha + \gamma$ von β. Denn aus $\delta + \varepsilon + \gamma = 180°$ und $\alpha + \beta + \gamma = 180°$ folgt: $\alpha + \beta = \delta + \varepsilon$. Entsprechendes gilt für die anderen Außenwinkel. Die Summe dieser drei Außenwinkel beträgt:
$(\alpha + \beta) + (\beta + \gamma) + (\alpha + \gamma)$
$= 2\alpha + 2\beta + 2\gamma = 2 \cdot (\alpha + \beta + \gamma)$
$= 2 \cdot 180° = 360°$.

3 a) $B(7|4)$; Mittelpunktswinkel $\alpha = 90°$

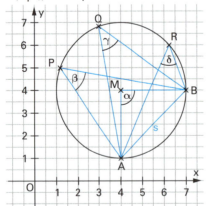

b) Fehlende Koordinaten:
$P(1{,}2|5)$; $Q(3|6{,}8)$; $R(6{,}2|6)$
Umfangswinkel:
$\beta = 45°$; $\gamma = 45°$; $\delta = 45°$
c) Über einer bestimmten Sehne s sind alle Umfangswinkel gleich ($\beta = \gamma = \delta \,\hat{=}\,$ Umfangswinkelsatz) und halb so groß wie der entsprechende Mittelpunktswinkel ($\alpha = 2\beta = 2\gamma = 2\delta \,\hat{=}\,$ Mittelpunktswinkelsatz).

4 Aus dem Sehnentangentenwinkelsatz folgt $\varepsilon = \alpha$ und $\delta = \gamma$, und weil die drei Winkel ε, β und δ zusammen einen gestreckten Winkel ergeben, folgt: $\varepsilon + \beta + \delta = 180°$
$\Rightarrow \alpha + \beta + \gamma = 180°$ (Innenwinkelsummensatz für Dreiecke).

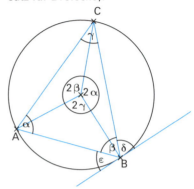

Test 4: Aufgaben für Experten Seite 61

1 a) $\alpha_1 = \alpha$ (Wechselwinkel);
$\alpha_2 = \alpha_1$ (Spiegelsymmetrie bezüglich der Achse a);

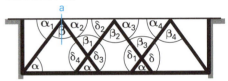

$\alpha_3 = \alpha_2$ (Stufenwinkel);
$\alpha_4 = \alpha_1$ (Stufenwinkel)
$\beta_1 = \beta$ (Wechselwinkel);
$\beta_2 = \beta_1$ (Wechselwinkel);
$\beta_3 = \beta_2$ (Wechselwinkel);
$\beta_4 = \beta_3$ (Wechselwinkel);
$\delta_1 = \delta$ (Scheitelwinkel);
$\delta_2 = \delta_1$ (Stufenwinkel);
$\delta_3 = \delta_2$ (Wechselwinkel);
$\delta_4 = \delta_3$ (Scheitelwinkel)

b) An demjenigen Scheitelpunkt, durch den die Symmetrieachse a verläuft, liest man ab: $\beta + 2\alpha = 180° \Rightarrow \beta = 180° - 2\alpha$
$\Rightarrow \beta = 180° - 2 \cdot 42° = 96°$. Weil δ und β Nebenwinkel sind, gilt: $\delta + \beta = 180°$
$\Leftrightarrow \delta = 180° - \beta \Rightarrow \delta = 180° - 96° = 84°$.

2 a)

α	β	γ	δ	β_1	β_2	δ_1	δ_2
120°	130°	70°	40°	45°	85°	15°	25°

Zunächst berechnet man mit dem Innenwinkelsummensatz für Dreiecke die fehlenden Teilwinkel:
$\alpha + \beta_1 + \delta_1 = 180° \Leftrightarrow \delta_1 = 180° - (\alpha + \beta_1)$
$\Rightarrow \delta_1 = 180° - (120° + 45°) = 15°$
$\gamma + \delta_2 + \beta_2 = 180° \Leftrightarrow \beta_2 = 180° - (\gamma + \delta_2)$
$\Rightarrow \beta_2 = 180° - (70° + 25°) = 85°$
Jetzt folgen die fehlenden Innenwinkel des Vierecks:
$\beta = \beta_1 + \beta_2 = 45° + 85° = 130°$ und
$\delta = \delta_1 + \delta_2 = 15° + 25° = 40°$

112

Lösungen zu den Seiten 61–63

Schließlich erhält man die Summe aller Innenwinkel:
$\alpha + \beta + \gamma + \delta = 120° + 130° + 70° + 40°$
$ = 360°$

b) Innenwinkelsummensatz für Vierecke:
$\alpha + \beta + \gamma + \delta = 360°$
Beweis: In jedem Viereck können die Innenwinkel β und δ durch eine Diagonale in die Teilwinkel β_1 und β_2, bzw. δ_1 und δ_2 zerlegt werden.
Damit gilt stets:
$\alpha + \beta + \gamma + \delta = \alpha + (\beta_1 + \beta_2) + \gamma + (\delta_1 + \delta_2)$
$= (\alpha + \beta_1 + \delta_1) + (\gamma + \beta_2 + \delta_2)$
$= 180° + 180° = 360°$

3 a) Man betrachtet K als Thaleskreis und erhält den rechten Winkel ∡ (BPD).
b) Ebenso konstruiert man den rechten Winkel ∡ (DQB).
c) In den gleichschenkligen Dreiecken QBC und PDC gilt die Winkelbeziehung
$2\alpha^* = 180° - \alpha \Leftrightarrow \alpha^* = 90° - \frac{1}{2}\alpha$.
Ebenso gilt in den gleichschenkligen Dreiecken BPC und DQC die Beziehung:
$2\beta^* = 180° - \beta \Leftrightarrow \beta^* = 90° - \frac{1}{2}\beta$.
Für die verbleibenden Winkel des Vierecks BPDQ gilt nun:
∡ (QBP) = ∡ (PDQ) = $\alpha^* + \beta^*$
$= \left(90° - \frac{1}{2}\alpha\right) + \left(90° - \frac{1}{2}\beta\right) = 180° - \frac{1}{2}(\alpha + \beta)$
$= 180° - \frac{1}{2} \cdot 180° = 90°$.
d) Zeichne um B den Thaleskreis K* mit dem Radius $r = \overline{BC}$. Er schneidet K in T. (Zeichnung hier verkleinert)

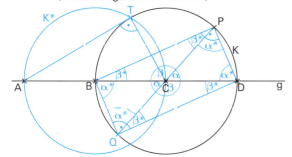

Klassenarbeit Nr. 6   Seite 62–63

Falls nicht anders angegeben, gibt es für jede Teilaufgabe bzw. jeden Teilschritt einen Punkt.

1 a)   b)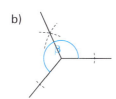

c) 2α ist ein spitzer Winkel. $\frac{\beta}{2}$ ist ein stumpfer Winkel.
Ein rechter Winkel hat 90° und ein überstumpfer mehr als 180°.

2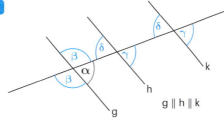

(je Winkel 0,5 P.)

3 a) $\alpha = 180° - 15° - 35° = 130°$
$\beta = 15°$ (Scheitelwinkel)
$\gamma = \alpha = 130°$
$\delta = 35°$ (Scheitelwinkel)
b) $\alpha = 180° - 112° - 28° = 180° - 140° = 40$
$\beta = 28°$ (Stufenwinkel)
$\gamma = 180° - 112° = 68°$
$\delta = 40°$ (Stufenwinkel von α)
$\epsilon = 40°$ (Scheitelwinkel von α)
$\varphi = 180° - 112 = 68°$
(je Winkel 0,5 P.)

4 a) Berechne zunächst die fehlenden Winkel. Summe der Nachbarwinkel $97° + 85° = 182° \neq 180° \Rightarrow$ g und h sind nicht parallel. (3 P.)

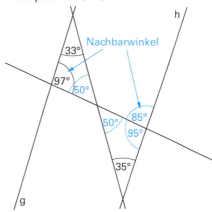

b) Berechne die fehlenden Winkel. Summe der Nachbarwinkel $100° + 80° = 180°$ $\Rightarrow$ g und h sind parallel. (3 P.)

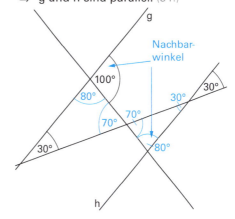

5. Mögliche Skizze, auch andere denkbar:

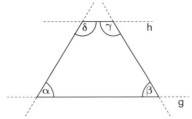

α und δ, bzw. β und γ sind jeweils Nachbarwinkel. Da g und h in einen Trapez parallel sein müssen, gilt α + δ = β + γ = 180°.

6.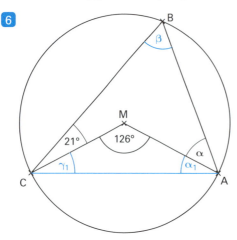

Nach dem Mittelpunktswinkelsatz gilt 126° = 2β ⇒ β = 63°. Das Dreieck CAM ist gleichschenklig ($\overline{CM} = \overline{AM}$)
⇒ γ$_1$ = α$_1$ = (180° − 126°) : 2 = 27°.
Für das Dreieck ABC muss gelten:
(α$_1$ + α) + β + γ = 180°.
27° + α + 63° + (21° + 27°) = 180°
⇒ α + 138° = 180° | −138° ⇒ α = 42°

30–26 Punkte	25–15 Punkte	14–0 Punkte
Super!	In Ordnung!	Bitte noch einmal üben!

Kapitel 7: Eigenschaften von Drei- und Vierecken

Test 1: Lot, Seitenhalbierende, Höhe
Seite 68

1. a) ① Der Kreisbogen um P schneidet g in den Punkten A und B.
   ② Die Kreisbögen um A und B vom gleichen Radius schneiden sich in Q.
   ③ Die Lotgerade ℓ verläuft durch P und Q.
   b) Der Kreisbogen um F mit dem Radius r = $\overline{FP}$ schneidet g in C. Das Dreieck CFP besitzt die gleichlangen Schenkel $\overline{FC} = \overline{FP}$ und den rechten Winkel ∟(CFP).
   c) Der Kreisbogen um F schneidet g nochmals in D. Das Dreieck CDP besitzt we-

gen seiner Symmetrie zur Spiegelachse ℓ die gleichlangen Schenkel $\overline{CP} = \overline{DP}$ und wegen des Thaleskreises K$_F$ über CD den rechten Winkel ∟(CPD).

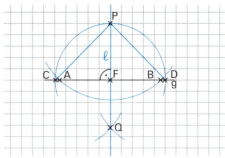

2. a) Konstruiere die Mittelpunkte (→ Seite 64), und die Seitenhalbierenden (→ Seite 65).

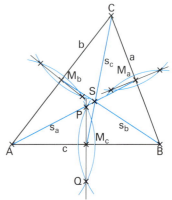

b) Konstruktion der Höhen (Lot) → Seite 64

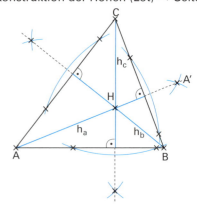

Test 2: Mittelsenkrechte, Winkelhalbierende
Seite 69

1. a)

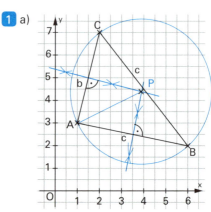

Lösungen zu den Seiten 69–71

Gesucht ist der **Umkreismittelpunkt** des Dreiecks ABC. Konstruiere (mindestens) zwei der drei Mittelsenkrechten, sie schneiden sich im Punkt P(3,9|4,4)

b) Gesucht ist der **Inkreismittelpunkt** des Dreiecks ABC. Konstruiere (mindestens) zwei Winkelhalbierende, sie schneiden sich im Punkt W(2,7|4,0).

c) Der Inkreis berührt die Dreieckseiten in den Punkten Z_a(3,8|4,9), Z_b(1,4|4,4) und Z_c(2,4|2,7). (Z_a, Z_b und Z_c sind die Lotfußpunkte der Lote von W auf a, b und c, → Seite 64; hier gestrichelte Linien, ohne Konstruktionslinien.)
Grafik zu b) und c)

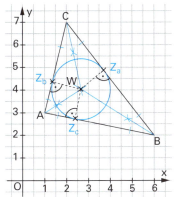

Test 3: Vierecke   Seite 70

1 a) Ein Quadrat ist ein Rechteck mit vier gleich langen Seiten.
b) Ein Quadrat ist eine Raute mit vier rechten Innenwinkeln.
c) Ein Rechteck ist ein Parallelogramm mit vier rechten Innenwinkeln.
d) Eine Raute ist ein Parallelogramm mit vier gleich langen Seiten.

2 a) Sind bei einem Trapez die beiden Schenkel gleich lang, so liegt ein symmetrisches Trapez vor.
b) Tritt bei einem Trapez eine Symmetrieachse auf, so sind die beiden Schenkel gleich lang.
c) Im symmetrischen Drachen wird die eine Diagonale von der anderen halbiert und senkrecht geschnitten.
d) In einem Parallelogramm sind gegenüberliegende Winkel gleich groß, und nebeneinanderliegende Winkel ergänzen sich zu 180°.

3 a) Seite d: d = b = 4 cm
Seite a wird mit der Flächenformel berechnet:
$A = a \cdot h_a \Leftrightarrow a = \frac{A}{h_a} = \frac{4{,}8\,cm^2}{1{,}6\,cm} = 3\,cm$
Seite c: c = a = 3 cm;

Höhe h_b: $h_b = \frac{A\,cm^2}{b\,cm} = \frac{4{,}8\,cm^2}{4\,cm} = 1{,}2\,cm$
Umfang u:
u = 2 · (a + b) = 2 · (3 cm + 4 cm) = 14 cm

b) Winkel β: β = α = 53,1°;
Winkel γ:
γ = 180° − α = 180° − 53,1° = 126,9°
Winkel δ: δ = γ = 126,9°;
Umfang u:
u = a + c + 2b = a + c + 2·5 cm
a + c wird mit der Flächenformel berechnet:
$A = \frac{a+c}{2} \cdot h_a \Leftrightarrow a + c = \frac{2A}{h_a}$
$\Leftrightarrow a + c = \frac{2 \cdot 24\,cm^2}{4\,cm} = 12\,cm.$
Damit folgt u = 12 cm + 2·5 cm = 22 cm

Test 4: Aufgaben für Experten   Seite 71

1 a)

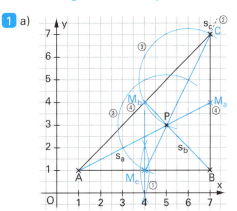

Konstruktionsbeschreibung:
① Zwei Kreisbögen vom gleichen Radius um A und B schneiden sich in den Punkten, durch die die Mittelsenkrechte zur Seite AB verläuft und so die Seitenmitte M_c festlegt.
② Von M_c aus durch P verläuft die Seitenhalbierende s_c, die zunächst als Halbgerade[1] eingetragen wird.
③ Weil der Punkt P jede Seitenhalbierende im Verhältnis 2:1 teilt, wird die Strecke $\overline{PM_c}$ mithilfe von Kreisbögen vom gleichen Radius zweimal über P hinaus auf der Halbgeraden s_c abgetragen. Es ergibt sich C als Eckpunkt des Dreiecks.
④ Die Seitenhalbierende s_a trifft die Seite BC in M_a, ebenso trifft s_b die Seite AC in M_b.
Gesuchte Punkte:
C(7|7), M_a(7|4), M_b(4|4) und M_c(4|1)

---

[1] Eine Halbgerade (auch: ein Strahl) ist eine auf einer Seite begrenzte gerade Linie.

115

Lösungen zu den Seiten 71–72

b)

Konstruktionsbeschreibung:
① Senkrechte (Lot) auf AB durch P: Ein Kreisbogen um P schneidet die Seite AB in zwei Punkten, Kreisbögen vom gleichen Radius um diese Punkte schneiden sich im Punkt P'.
② Durch P und P' verläuft die Höhe h_c, man zeichnet sie zunächst über P hinaus verlängert als Halbgerade.
③ Von B aus wird über P hinaus eine weitere Halbgerade eingetragen, auf der die Höhe h_b liegen muss.
④ Ein Kreisbogen um A schneidet diese Halbgerade in zwei Punkten und zwei Kreisbögen vom gleichen Radius um diese Punkte schneiden sich im Punkt A'.
⑤ Von A aus verläuft eine Halbgerade durch A', die das auf AB errichtete Lot durch P im gesuchten Eckpunkt C schneidet und dadurch sowohl die Höhe h_c, als auch die Seite AC und die Höhe h_b mit ihrem Fußpunkt F_b auf AC festlegt.
⑥ Die Höhe h_a verläuft von A aus durch P und trifft die Seite BC im Fußpunkt F_a.

Gesuchte Punkte: C (5|4,8), F_a (5,8|3,3), F_b (4,1|3,9) und F_c (5|1).

2 a) Die Innenwinkel werden ausgemessen: $\alpha = 87°$, $\beta = 40°$ und $\gamma = 53°$.

b) Der Mittelpunktswinkelsatz (→ Seite 56) führt auf die Winkelbeziehungen
$\angle(BPC) = 2\alpha$; $\angle(CPA) = 2\beta$, und $\angle(APB) = 2\gamma$.
A-Dorf trägt die Kosten K_A für die Hälfte der Kreisbögen $\overset{\frown}{AB}$ und $\overset{\frown}{AC}$.
Somit gilt die proportionale Beziehung
$K_A \triangleq \frac{1}{2} \cdot \angle(CPA) + \frac{1}{2} \cdot \angle(APB)$
$= \frac{1}{2} \cdot 2\beta + \frac{1}{2} \cdot 2\gamma = \beta + \gamma$.

Entsprechend folgt $K_B = \alpha + \gamma$ und $K_C = \alpha + \beta$.

Mit den in Teilaufgabe a) festgestellten Winkelmaßen folgt die Relation der Kostenaufteilung:
$K_A : K_B : K_C = (\beta + \gamma) : (\alpha + \gamma) : (\alpha + \beta)$
$= 93 : 140 : 127$.
Die 93 + 140 + 127 = 360 Gesamtteile entsprechen 18 Mio. Euro, somit betragen die Kostenanteile:
$K_A = \frac{93}{360} \cdot 18 = 4{,}65$ Mio. €;
$K_B = \frac{140}{360} \cdot 18 = 7{,}00$ Mio. € und
$K_C = \frac{127}{360} \cdot 18 = 6{,}35$ Mio. €.

Klassenarbeit Nr. 7 Seite 72–73

Falls nicht anders angegeben, gibt es für jede Teilaufgabe bzw. jeden Teilschritt einen Punkt.

1 (je 2 P.)

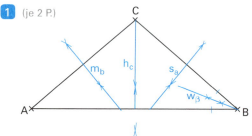

2 Den Schwerpunkt erhält man, wenn man den Schnittpunkt der Seitenhalbierenden konstruiert (hier auf die Hälfte verkleinert) (4 P.)

3 Wenn der Brunnen von allen drei Dörfern gleich weit weg sein soll, dann muss er im **Umkreismittelpunkt** (Schnittpunkt der Mittelsenkrechten) des Dreiecks liegen. Miss den Umkreisradius (Entfernung zu einem der drei Eckpunkte). ⇒ r ≈ 4,4 cm.
1 cm ≙ 100 m in der Wirklichkeit, jedes Dorf wäre damit ca. 440 m vom Brunnen entfernt. Ein solcher Brunnen ist also möglich. (Zeichnung auf die Hälfte verkleinert) (4 P.)

Lösungen zu den Seiten 73-77

4 Damit der Rundballen (d = 1,8 m) unter das Dach passt, muss sein Durchmesser kleiner sein als der Durchmesser des Inkreises des entsprechenden Dreiecks. Konstruiere den Inkreismittelpunkt W und lies den Inkreisradius ab: $r \approx 1$ m. Der Inkreis hat somit einen Durchmesser von ca. 2 m, der Heuballen passt also rein. (4 P.)

Maßstab 1 : 100

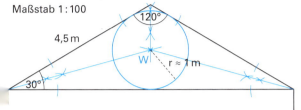

5 Wegen des 45°-Winkels ist das rechtwinklige Dreieck ABC auch gleichschenklig und deshalb besitzt das Parallelogramm die Höhe b.

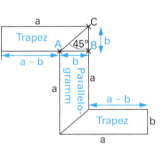

Trapez: $A_1 = \frac{a + (a-b)}{2} \cdot b = a \cdot b - \frac{1}{2}b^2$
Parallelogramm: $A_2 = a \cdot b$.
Gesamtfläche:
$A = 2 \cdot A_1 + A_2 = 2a \cdot b - b^2 + a \cdot b = 3a \cdot b - b^2$
Umfang:
$u = 4 \cdot a + 2 \cdot (a - b) + 2 \cdot b = 6 \cdot a$ (4 P.)

6 a) Da das Dreieck ABC gleichschenklig ist, muss der Punkt D auf einer Senkrechten durch B liegen (das ist die eine Diagonale des Drachens, CA ist die zweite). Damit muss der x-Wert des Punktes D also in jedem Fall 5 sein, also $x_D = 5$. Da das Drachenviereck ein konvexes Viereck ist, muss der Punkt D immer unterhalb der Punkte A und C liegen, für y_D gilt also: $y_D < 9$. (3 P.)

b) Der Punkt D muss auf dem Umkreis des Dreiecks ABC liegen. Dazu konstruiert man zunächst den Umkreismittelpunkt M des Dreiecks und zeichnet anschließend den Umkreis. Der Schnittpunkt des Umkreises mit der senkrechten Diagonalen durch B ist der Punkt D. Es gilt: D(5|1). (3 P.)

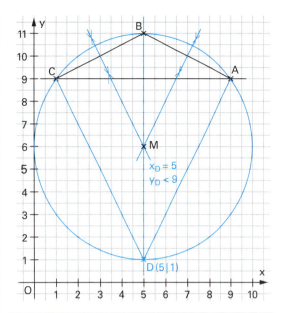

30–26 Punkte	25–15 Punkte	14–0 Punkte
Super!	In Ordnung!	Bitte noch einmal üben!

Kapitel 8: Kongruenz

Test 1: Kongruenzabbildungen Seite 77

1 a) Aus der Grafik liest man ab: $A_1(5|3)$; $B_1(8|4)$; $C_1(4|5)$

b) Die Differenz der Koordinaten von $A_2(2|6)$ und $A_1(5|3)$ führen auf: $\vec{v_2}$: 3 LE nach links und 3 LE nach oben. Hiermit folgt: $B_2(5|7)$ und $C_2(1|8)$.

c) Die Koordinaten von $A_0(1|0)$ und $A_2(2|6)$ führen auf $\vec{v_3}$: 1 LE nach rechts und 6 LE nach oben. $\vec{v_3}$ ergibt sich rechnerisch aus der Summe von $\vec{v_1}$ und $\vec{v_2}$:
waagrecht: + 4 LE – 3 LE = 1 LE;
senkrecht: + 3 LE + 3 LE = 6 LE

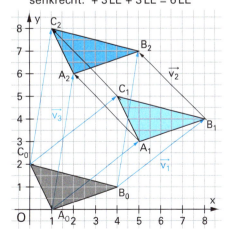

Lösungen zu den Seiten 77–79

2 ① Die Kreisbögen vom gleichen Radius um C und C′ schneiden sich in den Punkten, durch die die Mittelsenkrechte m_C zu CC′ verläuft.
② Errichte ebenso die Mittelsenrechte m_A auf AA′.
③ Die beiden Mittelsenkrechten m_A und m_C schneiden sich im gesuchten Drehzentrum Z(2|1).
④ Die Schenkel ZC und ZC′ bilden den Drehwinkel w = ∢(CZC′) = 78°.

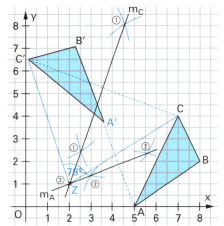

Test 2: Kongruenzsätze   Seite 78–79

1 a) Der Abstand von A nach B wird gemessen: c = $\overline{AB}$ = 5 cm, was einer realen Entfernung von 5 km entspricht. Daher ist der Maßstab: 1 cm ≙ 1 km
bzw. 1 : 100 000.

b) Der Kongruenzsatz sss erlaubt die eindeutige Konstruktion eines Dreiecks aus den drei gegebenen Seitenlängen, denn die Dreiecksungleichungen sind erfüllt:
a + b = 11 > c; b + c = 12 > a; a + c = 9 > b
① Zeichne die Grundseite c = 5 cm.
② Zeichne den Kreisbogen um A mit dem Radius b = 7 cm.
③ Zeichne den Kreisbogen um B mit dem Radius a = 4 cm. Die Kreisbögen schneiden sich im Punkt C.
Die Innenwinkelmaße betragen α = 34°, β = 101° und γ = 45°.

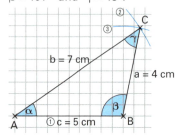

2 Prüfe bei jeder der folgenden Teilaufgaben, ob die **Dreiecksungleichungen** (→ Seite 74) als Bedingung für die Konstruierbarkeit des Dreiecks erfüllt sind.

a) a + b = 5 < 6; weil die Dreiecksungleichung nicht erfüllt wird, führen die Angaben nicht zu einem Dreieck.
b) a + b = 20 > 5; b + c = 13 > 12; a + c = 17 > 8; die Dreiecksungleichungen sind erfüllt, die Angaben führen auf ein Dreieck.
c) b + c = 32 = 32 = a; die Dreiecksungleichungen sind nicht erfüllt, die Angaben führen nicht auf ein Dreieck.
d) a + b = 24 > 12; b + c = 24 > 12 a + c = 24 > 12; die Dreiecksungleichungen sind erfüllt, die Angaben führen auf ein Dreieck.

3 Der Kongruenzsatz sws erlaubt die eindeutige Konstruktion eines Dreiecks aus den gegebenen Längen zweier Seiten und dem hiervon eingeschlossenen Winkel.
Die Konstruktion wird im Maßstab 1 cm ≙ 1 km (1 : 100 000) durchgeführt.
① Zeichne die Grundseite c = 6,5 cm.
② Trage in A den Winkel α = 43° ab.
③ Zeichne den Kreisbogen um A mit dem Radius b = 5,5 cm, er schneidet den freien Schenkel im Punkt C.
Zeichne die Dreieckseite a, miss ihre Länge: a = $\overline{BC}$ = 4,5 cm ≙ 4,5 km.
Der Tunnel ist 4,5 km lang.

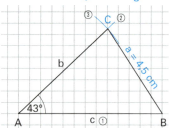

4 Die Angaben entsprechen dem Kongruenzsatz Ssw und daher ist eine eindeutige Lösung konstruierbar. Die Konstruktion erfolgt im Maßstab 1 cm ≙ 1 km.
1 cm entspricht in dieser Zeichnung 2 Kästchen.
① Zeichne die Grundseite c = 6 cm.
② Trage in B den Winkel β = 360° − 305° = 55° ab.
③ Der Kreisbogen um A mit dem Radius b = 7 cm schneidet den freien Schenkel im Punkt C.
Die Länge von a beträgt a = 8,5 cm ≙ 8,5 km.

118

Lösungen zu den Seiten 79–80

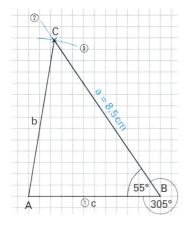

5 Prüfe, ob der angegebene Winkel jeweils der größeren Seite gegenüberliegt:
a) b = 1,4 dm > a und β liegt b gegenüber ⇒ Ssw ist anwendbar.
b) c = 75 cm < b und γ liegt c gegenüber ⇒ Ssw ist nicht anwendbar.
c) c = 24 mm < a und g liegt c gegenüber ⇒ Ssw ist nicht anwendbar.

Test 3: Konstruktion von Vierecken
Seite 80

1 a) Die Planfigur zeigt, dass für die beiden Teildreiecke ABC und CDA jeweils der Kongruenzsatz sws gilt. Damit ist auch das Quadrat ABCD eindeutig konstruierbar.

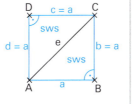

① Zeichne a = 5,5 cm und verlängere über B hinaus zum Strahl s_1.
② Senkrechte auf a durch B: Die Kreisbögen um B schneiden s_1 in zwei Punkten.
③ Die Kreisbögen vom gleichen Radius um diese Punkte legen die Senkrechte s_2 fest (Seite b).
④ Der Kreisbogen um B mit dem Radius a = 5,5 cm schneidet s_2 im Eckpunkt C.
⑤ Die Kreisbögen um A und um C vom Radius a = 5,5 cm schneiden sich im Eckpunkt D.

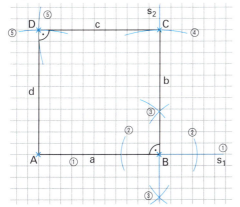

b) Die Planfigur zeigt, dass für beide Teildreiecke ABC und CDA jeweils der Kongruenzsatz Ssw gilt. Damit ist auch das Rechteck ABCD eindeutig konstruierbar.

① Zeichne die Strecke e = 8 cm.
② Die Kreisbögen um A und um C vom gleichen Radius schneiden sich in den zwei Punkten, durch die die Mittelsenkrechte zu e verläuft und die e im Punkt M schneidet.
③ M ist auch der Mittelpunkt des Thaleskreises um M mit dem Radius $r = \frac{e}{2} = 4$ cm.
④ Der Kreisbogen um A mit dem Radius a = 7 cm schneidet den Thaleskreis im Eckpunkt B des gesuchten Rechtecks.
⑤ Zeichne von B aus den Strahl s durch M. s schneidet den Thaleskreis im Punkt D.

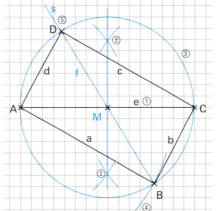

c) Die Planfigur zeigt, dass zunächst die Teildreiecke ABS und CDS durch den Kongruenzsatz sss bestimmt sind. Sobald man den Winkel $\varepsilon_1 = \angle(ASB)$ kennt, sind auch die Nebenwinkel $\varepsilon_1 = \varepsilon_2 = 180° - \varepsilon_1$ bekannt, sodass jetzt auch die Teildreiecke ASD und CSB durch den Kongruenzsatz sws bestimmt sind.

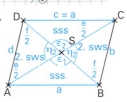

① Zeichne die Strecke a = 6,5 cm.
② Die beiden Diagonalen eines Parallelogramms halbieren sich gegenseitig. Die Kreisbögen um A vom Radius $r = \frac{e}{2} = 4$ cm und um B vom Radius $r = \frac{f}{2} = 3,5$ cm schneiden sich im Punkt S.
③ Zeichne von A aus den Strahl s_1 durch S. Der Kreisbogen um S vom Radius $r = \frac{e}{2} = 4$ cm schneidet s_1 im Eckpunkt C des gesuchten Parallelogramms.
④ Zeichne von B aus den Strahl s_2 durch S. Der Kreisbogen um S vom Radius $r = \frac{f}{2} = 3,5$ cm schneidet s_2 im Eckpunkt D des Parallelogramms.

119

Lösungen zu den Seiten 80–81

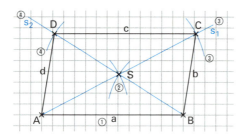

d) Die Planfigur zeigt, dass die beiden Teildreiecke ABC und CDA gleichermaßen durch den Kongruenzsatz sss bestimmt sind. Damit ist auch der symmetrische Drachen ABCD eindeutig konstruierbar.

① Zeichne die Strecke $e = \overline{AC} = 9\,cm$.
② Zeichne den Kreisbogen um A mit dem Radius $a = 7\,cm$.
③ Zeichne den Kreisbogen um C mit dem Radius $b = 5\,cm$. Die Kreisbögen schneiden sich in den Punkten B und D.

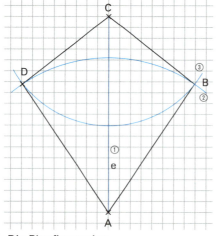

e) Die Planfigur zeigt, dass das Teildreieck ABD durch den Kongruenzsatz sss bestimmt ist. Damit ist auch der Winkel β_1 und der maßgleiche Wechselwinkel $\delta_1 = \beta_1$, der an der zu a parallelen Seite c liegt, bekannt. Das zweite Teildreieck BCD wird somit durch den Kongruenzsatz sws bestimmt.

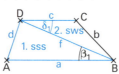

① Zeichne die Seite $a = \overline{AB} = 8\,cm$.
② Die Kreisbögen um A mit dem Radius $d = 3,5\,cm$ und um B mit dem Radius $f = 7\,cm$ schneiden sich im Eckpunkt D.
③ Parallele p zu a durch D (→ Seite 64):
　(a) Kreisbogen um D schneidet a in P;
　(b) Kreisbogen mit demselben Radius um P schneide a in Q.

(c) Kreisbogen mit demselben Radius um Q schneidet sich mit dem Kreisbogen aus ③(a) im Punkt R.
(d) Der Strahl p durch R und D ist die Parallele zu a durch D.
④ Der Kreisbogen um D vom Radius $r = c = 2,5\,cm$ schneidet p im Eckpunkt C.

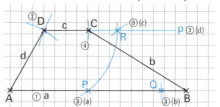

Test 4: Aufgaben für Experten — Seite 81

1 a) Wahr. Aufgabe 1c) von Test 1 zeigt beispielhaft, wie die Addition zweier Verschiebungspfeile (Vektoren) auf den Vektor der Ersatzverschiebung führt.
b) Falsch. Während sich der Umlaufsinn einer Figur bei einer Drehung nicht ändert, wird er durch eine Achsenspiegelung stets umgekehrt.
c) Wahr. Die Ersatzdrehung wird bezüglich desselben Drehzentrums ausgeführt und der Drehwinkel entspricht der Summe der beiden einzelnen Drehwinkel.
d) Falsch. Jede Achsenspiegelung ändert den Umlaufsinn einer Figur, sodass er durch zwei hintereinander ausgeführte Achsenspiegelungen erhalten bleibt.

2 Die Angaben entsprechen dem Kongruenzsatz wsw, und daher ist eine eindeutige Lösung konstruierbar. Die Konstruktion erfolgt im Maßstab $1\,cm \stackrel{\wedge}{=} 0,5\,km$.
① Zeichne die Grundseite $c = 5\,cm$.
② Trage in A den Winkel $\alpha = 37°$ ab.
③ Trage in B den Winkel $\beta = 52°$ ab. C ergibt sich aus dem Schnittpunkt der freien Schenkel.
Miss folgende Seitenlängen:
$b = \overline{AC} = 3,9\,cm \stackrel{\wedge}{=} 1,95\,km$;
$a = \overline{BC} = 3,0\,cm \stackrel{\wedge}{=} 1,5\,km$.
Der Abstand zur Küste entspricht der Länge $h_c = 2,3\,cm \stackrel{\wedge}{=} 1,15\,km$.

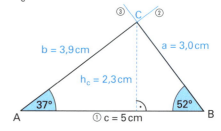

3 Zeige, dass die beiden Teildreiecke ABS und CDS eines Parallelogramms stets kongruent sind:

Lösungen zu den Seiten 81-82

1. Für die gegenüberliegenden Seiten a und c eines Parallelogramms gilt stets c = a.
2. α_1 und α_2 sind Wechselwinkel an den parallelen Seiten a und c, daher gilt $\alpha_1 = \alpha_2$.
3. Ebenso gilt $\beta_1 = \beta_2$. Aus dem Kongruenzsatz wsw folgt insbesondere die Gleichheit der Strecken $\overline{AS} = \overline{SC} = \frac{e}{2}$ und $\overline{BS} = \overline{SD} = \frac{f}{2}$, was zu zeigen war.

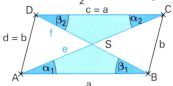

[4] Die Dreiecke AA'M$_1$ und DD'M$_1$ sind kongruent (wsw) weil gilt:
1. $\measuredangle(AM_1A') = \measuredangle(DM_1D')$ Scheitelwinkel
2. $\measuredangle(A'AM_1) = \measuredangle(D'DM_1)$ Wechselwinkel an den Parallelen a und c 3. $\overline{AM_1} = \overline{M_1D}$, denn M$_1$ ist Mittelpunkt der Strecke $\overline{AD}$. Daher sind die Dreiecke AA'M$_1$ und DD'M$_1$ auch flächengleich, ebenso die kongruenten Dreicke BB'M$_2$ und CC'M$_2$. Folglich hat das Trapez ABCD denselben Flächeninhalt wie das Rechteck A'B'C'D', nämlich A = m · h.

Klassenarbeit Nr. 8   Seite 82-83

Falls nicht anders angegeben, gibt es für jede Teilaufgabe bzw. jeden Teilschritt einen Punkt.

[1] ① Lotgerade ℓ auf a durch B (→ Seite 64): Der Kreisbogen um B schneidet A in zwei Punkten; der Schnittpunkt der Kreisbögen mit demselben Radius um diese beiden Punkte legt mit B die Lotgerade ℓ fest. (2 P.)
② Das Lot ℓ schneidet a im Punkt M$_B$. Der Kreisbogen mit Radius r = $\overline{BM_B}$ schneidet ℓ im Spiegelpunkt B'. (1 Punkt)
③ Konstruiere auf dieselbe Weise von A bzw. von C aus die Lotlinien, auf denen dann die Spiegelpunkte A' bzw. C' liegen. (je 0,5 P.) (hier ohne Konstruktionslinien)

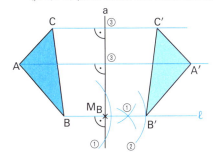

[2] a) 3 cm + 5 cm < 9 cm
⇒ Dreieck lässt sich nicht konstruieren!
b) 9,5 cm + 6,4 cm > 4,2 cm;
6,4 cm + 3,2 cm > 9,5 cm;
9,5 cm + 3,2 cm > 6,4 cm
⇒ Dreieck lässt sich konstruieren.

c) 26 cm + 20 cm > 40 cm;
20 cm + 40 cm > 26 cm;
26 cm + 40 cm > 20 cm
⇒ Dreieck lässt sich konstruieren.
d) 2 m + 4 m = 6 m ⇒ Dreieck lässt sich nicht konstruieren!

[3] a) Kongruenzsatz Ssw:
① Zeichne die Seite a = 4,9 cm.
② Trage in C den Winkel $\gamma = 45°$ ab.
③ Der Schnittpunkt des Kreisbogens um B mit dem Radius c = 7 cm mit dem freien Schenkel ist Punkt A.
Miss den Winkel α, $\alpha = 30°$.

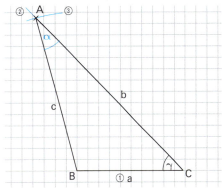

b) Kongruenzsatz sss:
① Zeichne die Grundseite c mit 4,8 cm.
② Kreisbogen um A mit r = b = 3,6 cm
③ Kreisbogen um B mit r = a = 6 cm.
Schnittpunkt von der Kreisbögen ist Punkt C.
Miss den Winkel α, $\alpha = 90°$.

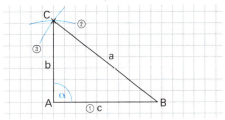

c) Kongruenzsatz sws:
① Zeichne die Seite a = 4,2 cm.
② Trage in C den Winkel $\gamma = 75°$ ab.
③ Schnittpunkt des Kreisbogens um C mit r = b = 6,3 cm mit dem freien Schenkel ist Punkt A.
Verbinde die Punkte A und B und miss die Strecke c, c = 6,6 cm.

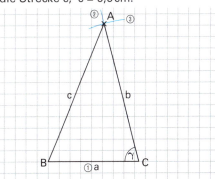

Lösungen zu den Seiten 83–90

4 Die Promenade und das Hochhaus bilden einen rechten Winkel. Da man die Höhe bis zu Jonas Wohnung kennt und sowohl von dem kleinen Dreieck als auch von dem großen einen weiteren Winkel (siehe Planskizze), kann man mit dem Kongruenzsatz wsw die beiden Dreiecke eindeutig konstruieren (Maßstab: 1 cm ≙ 10 m) und die Breite des Flusses messen.

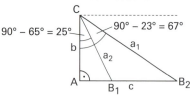

① Zeichne die Haushöhe b = 5,3 cm.
② Trage in A den rechten Winkel ab.
③ Trage in C aus die Winkel 67° und 25° ab.
  Die Schnittpunkte der freien Schenkel mit c sind die Punkte B_1 und B_2.
  Miss die Strecke $\overline{B_1B_2}$ = 10 cm ≙ 10 m.
  Der Rhein ist 100 m breit.

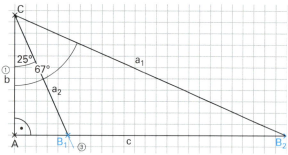

5 Laut Planfigur sind die beiden Dreiecke ABC und ABD jeweils durch den Kongruenzsatz wsw eindeutig

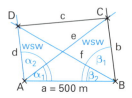

bestimmt. Folglich kann auch die gesuchte Streckenlänge c des Vierecks ABCD bestimmt werden. Die Konstruktionszeichnung erfolgt im Maßstab 1 : 10 000, d. h. 1 cm ≙ 100 m.
① Zeichne a = 5 cm.
② Trage in A den Winkel α_1 = 36°, in B den Winkel β_1 = 77° ab. Schnittpunkt der freien Schenkel ist C.
③ Konstruiere Punkt D analog.
Die Seite c ist 4,5 cm lang, also sind C-Dorf und D-Dorf 450 m voneinander entfernt.

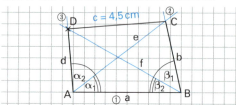

30–26 Punkte	25–15 Punkte	14–0 Punkte
Super!	In Ordnung!	Bitte noch einmal üben!

Kapitel 9: Daten und Zufall

Test 1: Daten erheben und darstellen
Seite 89–90

1 a) Eine solche Liste nennt man eine Strichliste. Im Gegensatz zur Urliste kann man in ihr die absoluten Häufigkeiten ablesen.

b)

Baggersee	Zoo	Freizeitpark	Fahrradtour	Summe
7	4	6	6	23
$\frac{7}{23}$	$\frac{4}{23}$	$\frac{6}{23}$	$\frac{6}{23}$	$\frac{23}{23}$ = 1

Baggersee	Zoo	Freizeitpark	Fahrradtour	Summe
5	2	9	6	22
22,7 %	9,1 %	40,9 %	27,3 %	100 %

2

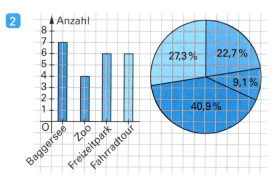

3 a) Zunächst musst du die Winkelmaße mit dem Geodreieck ausmessen. Dann ist es am besten, die relativen Häufigkeiten h auszurechnen. Den gekürzten Bruch kannst du dann mit 600 multiplizieren um die abs. Häufigkeit H zu bekommen (s. Tabelle). Die H-Werte musst du auf ganze Zahlen runden, da es sich um Personen handelt.

Mallorca	Ostsee	Nordsee	Bodensee
130°	85°	110°	35°
$\frac{13}{36} \cdot 600$ ≈ 217	$\frac{17}{72} \cdot 600$ ≈ 142	$\frac{11}{36} \cdot 600$ ≈ 183	$\frac{7}{72} \cdot 600$ ≈ 58
$\frac{130}{360} = \frac{13}{36}$	$\frac{85}{360} = \frac{17}{72}$	$\frac{110}{360} = \frac{11}{36}$	$\frac{35}{360} = \frac{7}{72}$
36,1 %	23,6 %	30,6 %	9,7 %

122

Lösungen zu den Seiten 90–91

b)
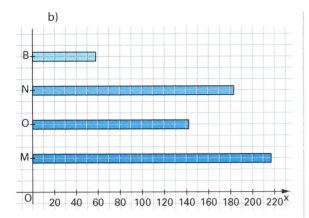

Test 2: Statistische Größen, Boxplots
Seite 91

1 a) Die Durchschnittsgröße der Gruppe entspricht dem arithmetischen Mittelwert.
$\overline{x} = (1{,}53\,m + 1{,}46\,m + 1{,}71\,m + 1{,}65\,m$
$\quad + 1{,}53\,m + 1{,}67\,m + 1{,}69\,m + 1{,}58\,m$
$\quad + 1{,}73\,m + 1{,}62\,m) : 10$
$\approx 1{,}62\,m$
Die Durchschnittsgröße beträgt also 1,62 m.

b) Bevor man den Median der Werte bestimmen kann, muss die Urliste als geordnete Rangliste angegeben werden.

| 1,46 m | 1,53 m | 1,53 m | 1,58 m | 1,62 m |
| 1,65 m | 1,67 m | 1,69 m | 1,71 m | 1,73 m |

Da die Liste eine gerade Anzahl Elemente (10) hat, gilt für den Median
$\tilde{x} = \dfrac{x_5 + x_6}{2} = \dfrac{1{,}62\,m + 1{,}65\,m}{2} = 1{,}635\,m$.

c) $x^* = 1{,}53\,m$

d) unteres Quartil: $\tilde{x}_u = 1{,}53\,m$,
oberes Quartil: $\tilde{x}_o = 1{,}69\,m$
(jeweils der mittlere Wert einer Liste mit 5 Elementen).

2 a) Zunächst müssen beide Listen sortiert werden:

| 35 | 37 | 39 | 41 | 42 | 42 | 48 | 51 | 52 | 62 |
| 37 | 39 | 40 | 46 | 47 | 50 | 51 | 55 | 58 | |

$\tilde{x}_1 = \dfrac{x_5 + x_6}{2} = \dfrac{42 + 42}{2} = 42;\ \tilde{x}_2 = 47;$
$\overline{x}_1 = \dfrac{35 + 37 + 39 + 41 + 42 + 42 + 48 + 51 + 52 + 62}{10}$
$= 44{,}9;$
$\overline{x}_2 = \dfrac{37 + 39 + 40 + 46 + 47 + 50 + 51 + 55 + 58}{9}$
$= 47$
$x_1^* = 42;\ x_2^*:$ Da jeder Wert nur einmal vorkommt, gibt es keinen Modalwert (bzw. jeder Wert könnte Modalwert sein).

b) Wenn ein weiterer Wert zur Reihe 2 dazu kommt, hat sie auch 10 Elemente und der Median wäre der Mittelwert aus dem 5. und 6. Wert. Momentan steht der Wert 47 an Position 5. Der gesuchte neue Wert kann also nur 49 sein, der dann an Position 6 stehen würde und zusammen mit 47 an der Position 5 den Mittelwert 48 ergeben würde. Zur Verdeutlichung:

| 37 | 39 | 40 | 46 | 47 | 49 | 50 | 51 | 55 | 58 |

c)
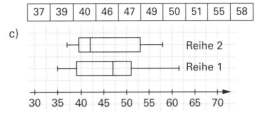

Das untere Quartil der Reihe 1 ist
$\tilde{x}_u = 39$, das obere Quartil ist $\tilde{x}_o = 51$.
Das untere Quartil der Reihe 2 ist
$\tilde{x}_u = 39{,}5$, das obere Quartil ist $\tilde{x}_o = 53$.
Bei der Reihe 1 ist die Box schmaler, das bedeutet, dass die mittleren 50% aller Werte näher beieinander liegen, als in der Reihe 2. Die Spannweite (Entfernung zwischen dem kleinsten und dem größten Wert) ist in Reihe 1 aber größer. Die erste Reihe ist auch deutlich asymmetrischer, das 2. Quartil (links vom Median) ist deutlich schmaler als das 3 (rechts vom Median). Eine solche Verteilung nennt man „schief".

3 a)

Note	1	2	3	4	5	6	n
Jungs	2	7	6	2	1	0	18
Mädchen	1	4	5	1	0	0	11

b) Die Mädchen haben offensichtlich den Durchschnitt beider Gruppen, also den arithmetischen Mittelwert ausgerechnet.
$\overline{x}_{Jungs} = \dfrac{2 \cdot 1 + 7 \cdot 2 + 6 \cdot 3 + 2 \cdot 4 + 1 \cdot 5}{18} \approx 2{,}6$
$\overline{x}_{Mädchen} = \dfrac{1 \cdot 1 + 4 \cdot 2 + 5 \cdot 3 + 1 \cdot 4}{11} \approx 2{,}5$
Was den Durchschnitt betrifft, haben die Mädchen recht, da sind sie besser.
Die Jungs haben offensichtlich jeweils einen Boxplot gezeichnet.
$\tilde{x}_{Jungs} = \dfrac{x_9 + x_{10}}{2} = \dfrac{2 + 3}{2} = 2{,}5$
(gerade Anzahl Elemente)
$\tilde{x}_{Mädchen} = x_6 = 3$
(ungerade Anzahl Elemente)
$\tilde{x}_{u;\,Jungs} = x_5 = 2;\ \tilde{x}_{o;\,Jungs} = x_{14} = 3$
$\tilde{x}_{u;\,Mädchen} = x_3 = 2;\ \tilde{x}_{o;\,Mädchen} = x_9 = 3$

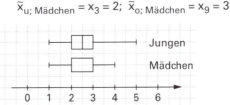

Bei den Jungs ist der Median 2,5, bei den Mädchen 3, insofern haben die Jungs also auch Recht. Hätten die Jungs aber etwas genauer auf die beiden Boxplots geschaut, dann hätten sie wohl auch zugeben müssen, dass die Mädchen etwas besser abgeschnitten haben, nicht nur aufgrund des Durchschnitts. Zwar haben sie Recht mit ihrer Aussage, aber wenn man die beiden Boxen vergleicht, sieht man, dass die mittleren 50 % bei beiden genau gleich sind, nämlich zwischen 2 und 3. Die besten 25 % haben jeweils entweder eine 1 oder 2 geschrieben, die „schlechtesten" 25 % haben bei den Jungs etwas zwischen 3 und 5 geschrieben, bei den Mädchen aber nur entweder 3 oder 4. Alles in allem kann man wohl sagen, dass die Mädchen etwas besser abgeschnitten haben.

Test 3: Zufallsexperimente Seite 92–93

1 a) Bei einem Laplace-Experiment müssen alle Ergebnisse dieselbe Wahrscheinlichkeit besitzen.

b) Das Werfen eines fairen Würfels.
Das Werfen einer Münze.
Das Ziehen einer Lottozahl.
Das Ziehen einer Skat-Spielkarte.

2 a) Wahrscheinlichkeit für das Ereignis A:
$$p(a) = \frac{\text{Anzahl der zu A gehörenden Ergebnisse}}{\text{Anzahl der möglichen Ergebnisse}}$$

b) 1. $p(A) = \frac{|\{2; 3; 5\}|}{|\{1; 2; 3; 4; 5; 6\}|} = \frac{3}{6} = \frac{1}{2}$

2. $p(B) = \frac{|\{3; 6\}|}{|\{1; 2; 3; 4; 5; 6\}|} = \frac{2}{6} = \frac{1}{3}$

3. $p(C) = \frac{|\{1; 4\}|}{|\{1; 2; 3; 4; 5; 6\}|} = \frac{2}{6} = \frac{1}{3}$

4. $p(D) = \frac{|\{1; 2; 3; 4; 6\}|}{|\{1; 2; 3; 4; 5; 6\}|} = \frac{5}{6}$

5. $p(E) = \frac{|\{1\}|}{|\{1; 2; 3; 4; 5; 6\}|} = \frac{1}{6}$

6. $p(F) = \frac{|\{\text{Zahl des letzten Wurfes}\}|}{|\{1; 2; 3; 4; 5; 6\}|} = \frac{1}{6}$

3 a) $A = \{\clubsuit A\}$; $p(A) = \frac{1}{32}$

b) $B = \{\diamondsuit A; \heartsuit A; \spadesuit A, \clubsuit A\}$; $p(B) = \frac{4}{32} = \frac{1}{8}$

c) $C = \{\heartsuit 7; \heartsuit 8; \heartsuit 9; \heartsuit 10; \heartsuit B; \heartsuit D; \heartsuit K; \heartsuit A\}$;
$p(C) = \frac{8}{32} = \frac{1}{4}$

d) $D = \{\spadesuit 7; \spadesuit 8; \spadesuit 9; \spadesuit 10; \spadesuit B; \spadesuit D; \spadesuit K; \spadesuit A; \clubsuit 7; \clubsuit 8; \clubsuit 9; \clubsuit 10; \clubsuit B; \clubsuit D; \clubsuit K; \clubsuit A\}$;
$p(D) = \frac{16}{32} = \frac{1}{2}$

e) $E = \{\diamondsuit B; \diamondsuit D; \diamondsuit K; \heartsuit B; \heartsuit D; \heartsuit K; \spadesuit B; \spadesuit D; \spadesuit K; \clubsuit B; \clubsuit D; \clubsuit K\}$;
$p(E) = \frac{12}{32} = \frac{3}{8}$

f) $F = \{\diamondsuit B; \diamondsuit D; \diamondsuit K; \heartsuit B; \heartsuit D; \heartsuit K\}$;
$p(F) = \frac{6}{32} = \frac{3}{16}$

4 Unter Beachtung der Verzweigungsregel (→ Seite 88) und der beiden Pfadregeln (→ Seite 88) erhält man folgende Werte:

a)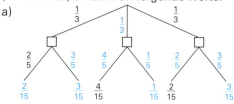

b)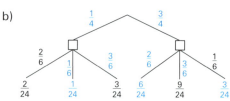

5 a)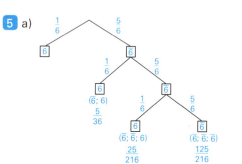

b) $p(A) = p(\overline{6}; \overline{6}; \overline{6}) = \left(\frac{5}{6}\right)^3 = \frac{125}{216} \approx 0{,}58$

$p(B) = p(\overline{A}) = 1 - p(A) = 1 - \frac{125}{216}$
$= \frac{91}{216} \approx 0{,}42$

$p(C) = p(6) + p(\overline{6}; 6) = \frac{1}{6} + \frac{5}{6} \cdot \frac{1}{6} = \frac{11}{36} \approx 0{,}31$

Das Ergebnis $\overline{6} = \{1; 2; 3; 4; 5\}$ fasst alle Augenzahlen, die nicht zum Spielstart führen, zusammen. Dadurch kann man sich im Baumdiagramm auf jeweils zwei Verzweigungen pro Knotenpunkt beschränken.

Test 4: Aufgaben für Experten
Seite 94–95

1 a) Trage zunächst die gegebenen Daten ein (hier: fett) und berechne anschließend die fehlenden Werte durch entsprechende Differenzbildungen.
Man rechnet z. B. so:
$H(\overline{N}) = 1600 - 688 = 912$;
$H(\overline{D}) = 1600 - 352 = 1248$;
$H(\overline{D} \cap \overline{N}) = 912 - 224 = 688$;
$H(\overline{D} \cap N) = 1248 - 688 = 560$
$H(D \cap N) = 352 - 224 = 128$
Die relativen Häufigkeiten ergeben sich, indem man die absoluten Häufigkeiten jeweils durch den Stichprobenumfang $n = 1600$ teilt, z. B.:
$h(N) = \frac{H(N)}{n} = \frac{688}{1600} = 0{,}43$

Lösungen zu den Seiten 94-96

	N	N̄	Σ
D	128	**224**	**352**
D̄	560	688	1248
Σ	**688**	912	**1600**

	N	N̄	Σ
D	0,08	0,14	0,22
D̄	0,35	0,43	0,78
Σ	0,43	0,57	1,00

b)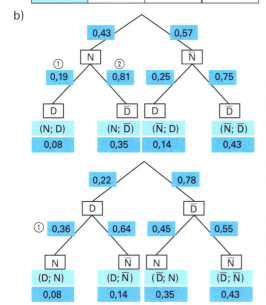

Während die Einzelwahrscheinlichkeiten auf der ersten Stufe der Baumdiagramme direkt aus der Tabelle der relativen Häufigkeiten (d. h. Wahrscheinlichkeiten), abgelesen werden können, müssen die Einzelwahrscheinlichkeiten der zweiten Stufe zusätzlich berechnet werden. Man kann hierzu auf die absoluten Häufigkeiten zurückgreifen und rechnet z. B. so:
2. Stufe des linken Baumdiagramms:
① $= \frac{128}{688} \approx 0,19$; ② $= \frac{560}{688} \approx 0,81$ usw.
2. Stufe des rechten Baumdiagramms:
① $= \frac{128}{352} = 0,36$; ② $= \frac{224}{352} = 0,64$ usw.

c) (1) $p(N; D) = 0,43 \cdot 0,19 \approx 0,08$
(2) $p(\overline{N}; D) = 0,57 \cdot 0,25 \approx 0,14$
(3) $p(D; N) = 0,22 \cdot 0,36 \approx 0,08$
(4) $p(D; \overline{N}) = 0,22 \cdot 0,64 \approx 0,14$

2 (1) Weil die Steinplatte in 9 kleine, aber gleichgroße Quadrate unterteilt ist, kann ein kleines Quadrat als Zähleinheit für die Laplace-Formel genommen werden:
$p(D) = \frac{4 \text{ kleine Quadrate}}{9 \text{ kleine Quadrate}} = \frac{4}{9}$;
$p(H) = p(\overline{D}) = 1 - p(D) = 1 - \frac{4}{9} = \frac{5}{9}$

(2) Flächenanteile: $AD = 2 \cdot \left(\frac{1}{2} \cdot a \cdot \frac{a}{2}\right) = \frac{1}{2}a^2$;
$AH = a^2 - AD = a^2 - \frac{1}{2}a^2 = \frac{1}{2}a^2$
Wahrscheinlichkeiten: $p(D) = \frac{\frac{1}{2}a^2}{a^2} = \frac{1}{2}$;

$p(H) = p(\overline{D}) = 1 - p(D) = 1 - \frac{1}{2} = \frac{1}{2}$

(3) Flächenanteile:
$AD = 2 \cdot \left(\frac{1}{4}\pi \cdot \left(\frac{a}{2}\right)^2\right) = \frac{1}{8}\pi a^2 \approx 0,3927\, a^2$;
$AH = a^2 - AD = a^2 - \frac{1}{8}\pi a^2 = \left(1 - \frac{1}{8}\pi\right) \cdot a^2$
$\approx 0,6073\, a^2$;
Wahrscheinlichkeiten:
$p(D) = \frac{\frac{1}{8}\pi a^2}{a^2} = \frac{1}{8}\pi \approx 0,3927$;
$p(H) = p(\overline{D}) = 1 - p(D) = 1 - \frac{1}{8}\pi \approx 0,6073$

Klassenarbeit Nr. 9   Seite 96-98
Falls nicht anders angegeben, gibt es für jede Teilaufgabe bzw. jeden Teilschritt einen Punkt.

1 a) Da man nur bei „Burger" eine absolute Häufigkeit hat, muss man zunächst die dazugehörende relative Häufigkeit berechnen. Dafür braucht man aber erst die rel. Häufigkeit von Pizza. Da h% = 30%, ist $h = \frac{30}{100} = \frac{3}{10}$. Da die Summe der relativen Häufigkeiten 1 ergeben muss gilt:
$1 - \frac{1}{3} - \frac{3}{10} - \frac{7}{60} = \frac{60}{60} - \frac{20}{60} - \frac{18}{60} - \frac{7}{60} = \frac{15}{60} = \frac{1}{4}$.
Bei Burger gilt also $h = \frac{1}{4}$.

Wenn $\frac{1}{4}$ aller befragten 150 Schüler waren, dann wurden insgesamt also $4 \cdot 150 = 600$ Schüler befragt.

b)

Nudeln	Pizza	Burger	sonstige
$600 \cdot \frac{1}{3}$ = 200	$600 \cdot \frac{3}{10}$ = 180	150	$600 \cdot \frac{7}{60}$ = 70
$\frac{1}{3}$	$\frac{3}{10}$	$\frac{1}{4}$	$\frac{7}{60}$
33,3 %	30 %	25 %	11,7 %

(0,5 P.)

c) Nudeln $= \frac{1}{3} \cdot 360° = 120°$
Pizza $= \frac{3}{10} \cdot 360° = 108°$
Burger $= \frac{1}{4} \cdot 360° = 90°$
sonstige $= \frac{7}{60} \cdot 360° = 42°$

(je 0,5 P.)

2 a) Bei der Liste handelt es sich um eine Urliste.
b) $\overline{x} = (43 + 57 + 45 + 55 + 57 + 46 + 48 + 61 + 53 + 51 + 49 + 52 + 45) : 13$
≈ 51 Schläge pro Minute.
c) Zunächst muss die Liste der Größe nach sortiert werden:

43	45	45	46	48	49	51
52	53	55	57	57	61	

Nun kann man die für den Boxplot benötigten Größen bestimmen.
$\tilde{x} = x_7 = 51$ (ungerade Anzahl Elemente)
$\tilde{x}_u = \frac{x_3 + x_4}{2} = 45,5$; $\tilde{x}_o = \frac{x_{10} + x_{11}}{2} = 56$

125

Lösungen zu den Seiten 96–98

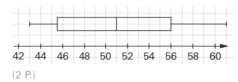

(2 P.)

d) Der zweite Boxplot wurde offensichtlich mit einem deutlich anderen Datensatz erstellt. Hier liegen die mittleren 50 % der Werte zwischen 63 und 81 Schlägen pro Minute. Außerdem ist die Spannweite deutlich größer. Erklärung: die Gruppe muss sich zwischen den beiden Messungen körperlich angestrengt haben und nicht so lange mit der Messung gewartet haben, bis wieder alle den Ruhepuls erreicht hatten. Die größere Spannweite ist damit zu erklären, dass sportlich trainierte Menschen schneller wieder ihren Ruhepuls erreichen, als untrainierte.

3 a) A: Die geworfene Augenzahl ist nicht größer als 3. A = {1; 2; 3};

$p(A) = \frac{|\{1; 2; 3\}|}{|\{1; 2; 3; 4; 5; 6\}|} = \frac{3}{6} = \frac{1}{2}$

B: Die geworfene Augenzahl ist durch 3 teilbar. B = {3; 6};

$p(B) = \frac{|\{3; 6\}|}{|\{1; 2; 3; 4; 5; 6\}|} = \frac{2}{6} = \frac{1}{3}$

b) $\overline{A}$: Die geworfene Augenzahl ist größer als 3. $\overline{A}$ = {4; 5; 6};

$p(\overline{A}) = 1 - p(A) = 1 - \frac{1}{2} = \frac{1}{2}$

$\overline{B}$: Die geworfene Augenzahl ist nicht durch 3 teilbar. $\overline{B}$ = {1; 2; 4; 5};

$p(\overline{B}) = 1 - p(B) = 1 - \frac{1}{3} = \frac{2}{3}$

4 a) Das Drehen des Glücksrades ist beliebig oft wiederholbar und das Ergebnis nicht vorhersagbar. Daher ist es ein Zufallsexperiment. Alle sechs Kreissektoren haben den Winkel von 60° und gewinnen deshalb mit derselben Wahrscheinlichkeit $p = \frac{1}{6}$. Es liegt ein Laplace-Experiment vor.
Die Wahrscheinlichkeiten der Gewinnzahlen betragen:
$p(x_1 = 1) = \frac{1}{6}$; $p(x_1 = 2) = \frac{1}{3}$; $p(x_1 = 3) = \frac{1}{2}$

b) Durch die unterschiedlichen Winkelgrößen, nämlich 1 = 60°, 2 = 120° und 3 = 180° handelt es sich nicht

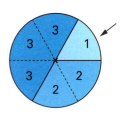

unmittelbar um ein Laplace-Experiment. Jedoch können die Sektoren der Zahlen 2 und 3 durch Hilfslinien so unterteilt werden, dass wieder sechs gleiche Sektoren entstehen, auf die jetzt die Laplace-Formel anwendbar ist. Die Wahrscheinlichkeiten stimmen mit denen aus Teilaufgabe a) überein.

5

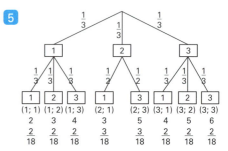

6 a) $p(M; M; M) = p(M) \cdot p(M) \cdot p(M)$ *
$= 0{,}485 \cdot 0{,}485 \cdot 0{,}485 \approx 0{,}114$
(* 1. Pfadregel)

b) Vorüberlegung:
$p(K; K; K) = p(K) \cdot p(K) \cdot p(K)$
$= 0{,}515 \cdot 0{,}515 \cdot 0{,}515 \approx 0{,}137$
damit folgt:
$p(\{M; M; M\} \cap \{K; K; K\})$
$= p(M; M; M) + p(K; K; K)$
$= 0{,}114 + 0{,}137 = 0{,}251$

c) $p\{(K; K; M); (K; M; K); (M; K; K)\}$
$= p(K; K; M) + p(K; M; K) + p(M; K; K)$
$= 3 \cdot 0{,}485 \cdot 0{,}515^2 \approx 3 \cdot 0{,}1286 \approx 0{,}386$

d) „Höchstens zwei Mädchen" ist gleichbedeutend mit „nicht drei Mädchen", weil dann günstigerweise mithilfe des Gegenereignisses gerechnet werden kann:
$p(\overline{M}; \overline{M}; \overline{M}) = 1 - p(M; M; M) = 1 - 0{,}485^3$
$= 1 - 0{,}114 = 0{,}886$

32–27 Punkte	26–16 Punkte	15–0 Punkte
Super!	In Ordnung!	Bitte noch einmal üben!

126

Stichwortregister

A
absolute Häufigkeit 84
Achsenspiegelung 74
Äquivalenzumform. 33, 35
arithmet. Mittelwert 85
Assoziativgesetze 8
Außenwinkel 56

B
Basiswinkel 56
Baumdiagramm 88
Betrag 6
Boxplot 86

D
Definitionsmenge 43
Dezimalbruch 6
Diagonalen 66
Diagramme 85
dichte Zahlenmenge 7
Distributivgesetze 8
Drehung 74
Drehwinkel 74
Drehzentrum 74
Durchschnitt 85

E
Ebene 66
Ereignis 87

F
Faktorisieren 8
Funktion 43
Funktionsgleichung 43
– bestimmen 46
Funktionsvariable 47

G
ganze Zahlen 6
Gegenereignis 87
Gegenzahl 6
geordnete Wertepaare 43
Geradenkreuzung
– doppelte 55
– einfache 55
gestreckter Winkel 54
Gleichungen, lineare 33
Grundmenge 33
Grundwert 15

H
Höhenschnittpunkt 65
Hyperbel 44

I
Inkreismittelpunkt 65
Innenwinkel 56

K
Kapital 17
Koeffizient 25
Kommutativgesetze 8
Kongruenzabbildung 74
Kongruenzsätze 76
Konstruktionen
– Dreiecke 75
– Lotgerade 64
– Mittelsenkrechte 64
– Parallele 64
– Vierecke 76
– Winkel halbieren 54
– Winkel übertragen 54
– Winkel verdoppeln 54

L
Laplace-Experiment 87
Lösungsmenge 33
Lotgerade 64

M
Mächtigkeit 87
Median 86
Mittelpunkt 64
Mittelpunktswinkel 56
Mittelsenkrechte 64, 65
Modalwert 86

N
Nachbarwinkel 55
natürliche Zahlen 6
Nebenwinkel 55
Nullstelle 45
Nullwinkel 54

P
Peripheriewinkel 56
Pfadregeln 88
Planfigur 76
Promille 16, 17
Prozentrechnung 15
Prozentsatz 15
Prozentwert 15
Punktspiegelung 74

Q
Quartil 86

R
rationale Zahlen 6
Rechengesetze 8
rechter Winkel 54
relative Häufigkeit 84
relativer Anteil 15

S
Satz des Thales 56
Scheitelwinkel 55
Schwerpunkt 65
Sehne 56
Sehnentangentenwinkel 56
Seitenhalbierende 65
Spannweite 86
Spiegelachse 74
spitzer Winkel 54
Steigung 45
Steigungsdreieck 44
Stichprobenumfang 84
Strichliste 84
Stufenwinkel 55
stumpfer Winkel 54

T
Terme 25
Textaufgaben 36

U
überstumpfer Winkel 54
Umfangswinkel 56
Umkreismittelpunkt 65
Umlaufsinn 74
Ungleichungen 36
Urliste 84

V
Variablen 25
Vektor 74
Verschiebung 74
Vierecke 66
Vollwinkel 54
Vorzeichenregeln 7

W
Wechselwinkel 55
Wertetabelle 43
Winkelarten 54
Winkelhalbierende 65

Y
y-Achsenabschnitt 45

Z
Zahlenstrahl 6
Zentralwert 86
Zentriwinkel 56
Zinseszinsen 18
Zinsrechnung 17
Zufallsexperiment 87
– mehrstufiges 88
Zuordnung 43
– antiproportionale 44
– proportionale 44

2in1
zum Nachschlagen

978-3-507-22372-1
€ (D) 12,95

Mit Kompaktausgabe

Doppelt lernt besser

Das praktische Nachschlagewerk mit Kompaktausgabe für unterwegs

- Übersichtlich und klar im Aufbau
- Anschaulich erklärte Regeln und Formeln
- Viele Beispiele zum besseren Verständnis

2in1 zum Nachschlagen gibt es für die Fächer **Deutsch** und **Mathematik** sowie für die Fremdsprachen **Englisch**, **Französisch**, **Latein** und **Spanisch**.

ISBN 978-3-507-22380-6 • € (D) 12,95

ISBN 978-3-507-22375-2 • € (D) 12,95